お金をかけない
事業承継

かわいい後継者には"個人保証"を継がせろ

津島晃一 著

同友館

まえがき

日本中の社長の皆さんへ。

社長が個人保証をしている借入金が残っているからと言って、事業承継ができないわけではありません。中小企業に借金は必要ですし、あるのが当たり前です。借金は、なくさなくてもいいのです。借金が残ったままでの社長交代を考えてください。むしろ借金があるからこそ、立派な後継者が育つのです。

私は、かつて長年かかって多額の負債を減らし、実質無借金の状態で経営していました。やっとの思いでそこまでたどりついたものの、今度はこれが面白くないのです。人は雇わない、物は買わない、修繕だって最小限、活気のない社内でひたすら借金を減らすためだけに経営をするのは、とてもつまらないことでした。

当時四十歳代半ばの私は、早々に方針転換し、借金をして人を雇い設備投資を繰り返しました。やってみると、新しい人も設備も、私をワクワクさせてくれました。ところが、私を困らせたのが、数十億円に膨らんだ借入金の個人保証です。経営は面白いが、個人保証が死ぬまで付いて回る、それでは、社長を辞められないではないかと悩みました。

絶望感でやる気をなくしかけた直前、素晴らしいことに気づいたのです。それは、この会社の個人保証を引き継いでくれる人を作ればよいのだということでした。それからは、個人保証を引き継げる資質の養成を目標にして、後継者を育成しました。幸い、期待通りの後継者が、数十億円の借入金の個人保証を私から引き継いでくれました。そして、無事に、私の事業承継は完了しました。そこから私は、研究者という新たなステージに立って挑戦できたのです。

日本の会社のほとんどは借入金で回っています。この本で紹介する新しい事業承継の考え方は、借金が心底嫌いな人にはお勧めしません。しかし私には、借金によって会社が活気づき、人材が成長するという信念があります。個人保証は、手元資金が乏しくても、すぐに新たなチャレンジを可能にしてくれる大変便利な制度です。忌み嫌ったり、口にするのをはばかったりするのは間違いです。正しく理解すれば、これが後継者育成にものすごく役に立つのです。

経営者の皆さん、ひとつこの辺で偏見を捨てて、個人保証について、後継者と共に真剣に語り合ってみませんか。本書は、そのような社長と後継者のコミュニケーションに役立つように作りました。事業承継と個人保証のことを一緒に考えましょう。

なお、文中に登場する人物の年齢や肩書は、取材当時のものです。

目次

第一章

個人保証に苦しんだ私の経営者人生

1 二十五歳で連帯保証人、三十五歳で社長就任

大学を卒業して三年目、大手電機メーカーの営業マンとして順調な日々を送っていた新婚の私に、突然の転機が訪れました。郷里の香川県で、建設会社の二代目社長を務めていた父が急死したのです。就任五年目でわずか六十歳の社長の死は、従業員約八十名の企業にとって大きな衝撃でした。

事業承継について、何の備えもしていないところへの突然の出来事です。これによって会社の内外が混乱し、その後長く続いてしまう業績低迷の発端となってしまいました。父は、血縁のない共同経営者から社長を引き継いだこともあり、私には自分の会社を継ぐことを求めていませんでした。

それでも、私は、安定したサラリーマンの地位を手放し、この会社の経営陣に加わることになったのです。私の決断がそこに至ったのには、もちろん家族の事情もありました。しかし、その時の私を最も強く動かしたのは、急遽三代目社長に復帰した初代社長の懇願でした。

それは、父親名義だった自社株のすべてを相続した上で、私に入社してほしいというものでした。つまり、三代目の社長は、株の分散を恐れたのです。父の死亡退職金で相続税を払って、父と同様に私一人で株を持ってほしいと強く求められたのです。

当時二十五歳の私は、将来設計のやり直しを迫られながらも、株に関する知識はほとんどありませんでした。そこで、父と同世代の三代目社長に何となく従わざるを得ないような気がして、懇願を受け入れたのです。

しかし、これが恐ろしい保証人としての人生への入口だったことが後から分かりました。大手電機メーカーを退社し、入社した私のところへ早速取引銀行の行員が来たのです。彼は、一枚の契約書を広げてサインするように求めてきました。それは、金銭消費貸借契約書の終わりのページで、連帯保証人が自署押印するところでした。

正直なところ、それがどのようなことなのかは私には実感できていませんでした。一九八一年の当時、当社の連帯保証人は社長以下五人必要で、私は五人目の欄にサインし押印しました。銀行員の方の丁重さに感じ入って、自分が何か偉くなったかのように錯覚してしまったのかもしれません。

ところが直後に、当社が経営危機に陥っていることを知った私は、早々に受注獲得と資金繰りに奔走することになりました。そのため、連帯保証人であることに恐怖心を抱くまでに時間はかかりませんでした。以来、私は三十年間、連帯保証人であり続けました。

事業承継が元で経営危機に陥った経験によって、私は、社長の交代とは、会社にとって非常にリスクの高い災難であると思い込むことになりました。若かった私は、恐ろしい社長の交代がもう起こらないよう祈るような気持ちでした。

しかし、八年後、社長交代の危機を再び迎えることになったのです。それは、建設業が冬の時代であると言われた厳しい時期が、ようやく終わろうとしている頃でした。業界には活況が見えつつあるのに、当社の業績はなかなか回復しませんでした。そんな中、三代目社長は、心労から体調を崩し入院してしまいました。そして、病室に私を呼んで、次期社長として私を指名し、交代を迫ったのでした。

三十三歳だった私は、逃げるわけにはいかないとの思いから指名を受諾し、まずは代表取締役副社長に就任しました。その上で、二年間の準備期間を経て三十五歳で代表取締役社長に就任しました。

その頃は、安値受注が多かったため、運転資金に回す借入金が膨らんでいました。そして、時代はバブル期に入っていました。金融機関からの土地投機への斡旋が引きも切らず、不動産投資のための借入金が上乗せされていました。私の社長就任時の借入金は十数億円に達していたのです。これを私は、代表取締役社長として個人保証したのです。

2 無借金経営から再び数十億円の個人保証

バブル期に行った数々の不動産投資は、最終的に多くが不良資産となり、借入金の返済が経営に重くのしかかりました。売れない土地を抱えたまま、毎年資産価値が下がるのを見て、溜め息をつくばかりでした。土地は何ともしようがなくなったので、ひたすら借入金の返済に専念しました。

同業の建設会社が、次々とつぶれていきました。そんな中、自社だけは何とかして生き残りたいという一心で、毎月の資金繰りと格闘していました。幸い建設工事というのは、きちんと営業をすれば、前金がもらえる慣習があります。薄利でも前金をもらえていれば資金繰りに困らない、これが建設業の利点です。

私は、二十五歳の入社早々から覚えた資金繰りに磨きをかけました。少ない利益から銀行への返済金を生み出すため、あらゆる節約を実行したのです。採用はほとんど行いません。新しい設備も購入しません。機械や社屋が痛んでも最小限の手当てだけで費用を削りました。

こうした爪に火を灯すような倹約のおかげで、約十年かかって実質無借金になれました。つまり、大幅に借入金が減少して、手元の現金預金の額を下回ったのです。この間、自分の給与もかなり減らしていましたので、やっとここまで来たという安堵感に浸ったことを今でもよく覚えています。

実質無借金経営をしばらく続けながら、少しずつ土地の評価替えによる損失処理をしていきました。その間も、とにかく節約、節約です。世の中がデフレ経済でしたから、節約自体が当たり前のことでした。自社だけが贅沢していないかが気になり、他社がやっている節約方法を知るとすぐ真似をするということを繰り返していました。

そうすることに少しずつ疑問を持つようになったのは、あと最低十年は現役の経営トップとして活躍できるはずだと思っていたからです。四十歳代の半ばになっていた私は、節約ムードだけが支配していた活気のない社内に嫌気がさしていたのです。自分が後から振り返って、節約だけの経営者人生だったということでよいのだろうかと思いました。

そう思うと、新規事業の開発に向けての意欲に火が付きました。もともと新しいことに挑戦することが好きだった私は、様々な新規事業の候補を検討しました。その中からフィットネスクラブ事業を選び、投資することを決断したのです。大学時代の友人がフィットネスクラブの運営会社を経営しており、私は彼と組んでその新規事業を展開することにしました。

自社所有のフィットネスクラブの施設が増えていく中で、建設事業で余っていた人員をどんどんとそちらへ回すことができ、本業の建設事業が健全化できました。また、新たに出会ったフィットネスクラブ業界の人々との交流は、建設業という古い体質の業界では味わえない新鮮さをもたらしてくれました。

建設業は、規制に縛られた業界です。一方、歴史の浅いフィットネスクラブ事業にはほとんど規制がないのです。その分、自由な発想がいくらでも試せる面白さがあります。試行錯誤を重ねて思い通りの施設ができあがり、フィットネスクラブに入会してくれた会員が健康づくりに励んでいる姿を見ると、何とも言えない感激を味わえました。

この事業では、当社がフィットネスクラブの施設を建設する用地を開発し、建物を設計・施工してメンテナンスを行います。会員を募集して運営を行うのを友人の会社に任せるわけですから、実質は不動産賃貸と同じです。少し違うのは、土地は賃借するので地代が要るものの、バブル崩壊で痛い目にあった土地の評価損は出ないということです。

当社のフィットネスクラブの施設は、一店舗当たりに三〜七億円の借入金が必要です。ですから、五店舗も建てれば借入金が数十億円規模に上ります。勢いに乗って多店舗展開に拍車をかけていったのはよいのですが、私が個人保証した額はウナギ登りでした。

金融機関へのプレゼンに成功して、借入れの契約ができた時には、夢をつかんだ喜びに心が震えました。しかし、一人きりになった時、ふと個人保証していることの恐怖心が襲ってくるのです。

それは、新しいフィットネスクラブの施設用地の開発のため、全国を飛び回っていた時でした。ある都会のビル群に囲まれた歩道を、個人保証のことを考えながら一人歩いていた私は、一瞬目の前が真っ白になり何も見えなくなってしまいました。真夏の日差しが閃光のように私を突き刺したのかもしれません。そうだとしても、あまりに突然に何も見えなくなったのです。そして、一歩も進めない恐怖を味わったのです。

その頃から、私の体調に異変が現われ始めました。四十歳代半ばまでどこにも悪いところがなかった私に、あちらこちら不調が出てきたのです。特に悩まされたのは高血圧です。様々な治療法を試したものの一向に改善しませんでした。

とうとう、生活習慣病と言われる高血圧症に対処するには、私の生活の中心である仕事への取り組み方を変えるしかないと考えるようになりました。そこで、若い頃に立てた人生設計に従い、社長を引退する準備に入ったのです。

3 私が社長でいられた理由

三十五歳で社長になった私には、従業員百人を超えるわが社を本当にまとめ上げることができるのだろうかという不安がありました。確かに、一部の古参幹部は反発しました。面従腹背で、ハイと返事してもやってくれない人も少なくありませんでした。しかし、実際には、大半の従業員は逆らわずについてきてくれました。また、数百社のいわゆる下請業者の皆さんも、意外にも、私の言うことをよく聞いてくれました。

技術者ではない私に、よく従ってくれるものだと、我ながら不思議な気分でした。建設会社ですから、お客様以外の話す相手のほとんどが技術者です。それでも「社長、社長」と立ててくれるのです。

お客様のほうも、私の前の代までは、初代も二代目の父も技術者でしたから、私の代になってから勝手が違ったはずです。先代や父と親しかったお客様が、そのよしみで注文をくれたのはごく最初だけです。その後は、厳しい競争の中で、自力で顧客を開拓するしかありませんでした。

それでも、私を信用して注文をくださるお客様がいることを、本当に有り難く感じていました。それと同時に、なぜこんな若い私に、何億円もの工事を発注してくれるのだろうかとも思いました。おかしな話ですが、私をそんなに信頼して大丈夫ですかと聞きたくなるような気持ちになったこともあります。

しかも、社長就任後間もなく、当社の業績は下降していきます。なんと私の十八年の社長在任期間の半分以上である十一回の決算で減収でした。一度も赤字を出さなかったのではありますが、毎度のように減収になるのは情けないことでした。内心では、責任を追及されて辞めろと言われるのではないかと思っていました。

それでも、私に辞めろと言う人は一人も現われませんでした。たぶん、衰退産業とさえ言われた建設業の社長を、代わりにやりたいなどと思う人はいなかったのでしょう。でも、それでは、大した業績も上げられないのに、私が、十八年も社長をやり続けられた理由にはなりません。

読者の皆さんは、私が大株主だったからだろうと思われるでしょう。確かに私は、社長就任時には大株主の一人ではありました。ただし、その所有割合は三〇％です。それは、父から相続したままで、父と共同経営していた会長（前社長）と同じ比率です。当時、わが社では、会長と私が三〇％ずつで、残り四〇％を他の役員や従業員、そして取引業者の方々に分けて所有してもらっていました。つまり、私が持ち株比率において絶対的に安定した基盤を持っていたわけではないのです。

その後、私は従業員持ち株会を活用して増資し、自身の持ち株比率を下げていきます。このことについては後の章で詳しく述べますが、私には持ち株比率に対する強いこだわりはありませんでした。

それでは、バブル崩壊後に業績を下降させ、従業員にも満足な待遇を与えられず、技術者でもない私が社長を辞めさせられなかった本当の理由は何でしょうか。それは、ひとつだけ、私が他の誰にもできないことをしていたからです。それが、個人保証です。

どんなに素晴らしく見える会社であっても、またどんなに社長が魅力的であっても、社長の地位を差し上げるから個人保証を代わってくれと言われてすぐに受ける人は、まずいないでしょう。個人保証の恐ろしさは、世の中の誰もが知っています。ある裁判官は裁判の中で、むやみに個人保証しないようにと被告を諭したそうです。会社を代表して、そういう個人保証という名の危険負担をしているのが社長です。

当社は、無借金経営から方針転換したのですから、個人保証は常に付いて回る会社です。私は、個人保証をして会社債務の連帯保証人であることが、長い間ずっと後ろめたく、それを人には言いたくありませんでした。売上げや従業員数が増えて胸を張りたい時でも、できれば個人保証していることは人に悟られたくありませんでした。なぜなら世間は、「無借金であること」を金科玉条のごとくに尊ぶからです。

しかし、借金をして活気が戻った会社で、絶大な危険負担と圧倒的な貢献を、今、個人保証によってしているのだと考えると、少しもやましい気持ちを持たなくてよくなりました。むしろ、自分でなければこの会社の個人保証はできないのだから、自分以外に社長にふさわしい人は、この会社にはいないと考えられるようになったのです。

私は、バブル崩壊後の激しい経済変化に揉まれながら考えていました。暴風雨の中をどこを目指しているのか、どこにいるのかさえも分からない難破船のような哀れな会社、この会社の社長は、覚悟を持った船長でなければならないと思いました。

かつて聞いた話によれば、遭難した場合、船長が最後に船を去る覚悟を持たねば航海は全うしないのだそうです。個人保証は、社長の自由を奪い息苦しくさせます。それは、船長が、その身体をマストにロープで縛り付けられた痛みと同じなのかもしれません。船長は、最後まで難破船から海に投げ出されないよう体を張って、操船の檄を飛ばします。

一艘の船にもたとえられる会社によって、従業員と取引先を安全に目的地に至らしめるのは、一にかかって社長の覚悟ではないでしょうか。個人保証している覚悟こそが、社長が社長であるゆえんであり、誰もがその覚悟を尊いとして敬意を表わすのです。

私はたぶん、十八年間、そのような敬意を頂けたので、社長として会社を経営することができたと考えています。個人保証していたことによって、未熟な私でも、荒海を乗り切るだけの覚悟を固めることができたのです。私が社長でいられたのは、個人保証のおかげなのです。

4　MBAで個人保証を研究

五十歳を前にして、簡単には改善しない体調不良を感じた私は、かねてからの計画に従い事業承継の準備を開始しました。五十七歳で引退するという目標を実現するには、決して早すぎるスタートではありませんでした。なぜなら、事業承継には最適な時機を選ばなければならないと考えていたからです。

当社の事業承継は、私が四代目の社長になるまでに三回ありました。そのいずれもが業況が不調の時でした。特に二回目と三回目は、すでに説明したように現職社長の急死と入院という予期せぬ事態から、やむを得ず行った社長の交代です。その三回の社長交代のいずれの時も、社内に波乱が生じて大きく体力を消耗してしまいました。あれがなければもう少しスムーズに成長できて、業界での地位ももっと上位を確保できていたのにと悔やまれます。

つまり、業況が悪い時の事業承継や、社長の急な交代などのアクシデントによる事業承継は、その後の業績に与える悪影響が大きすぎるのです。私は、このことを身をもって体験していましたので、もしや自分の体調を原因に社長交代を余儀なくされるようだと大変だと考えていました。そこで、体調不良をできるだけ隠しながら、意中の後継者に社長引き継ぎの了解を取り付け、業績が上向きの時にバトンタッチしたのです。

代表取締役社長から取締役会長になって、私がすぐに取り組んだのは、私が二十年間以上取り組んできた経営革新の取りまとめです。公認会計士やコンサルタントの先生方に相談しながら、様々な改革を実行してきましたが、他社のやり方をそのまま真似たのではありませんでした。営業管理、原価管理、人事管理や給与制度などは、ほぼ手作りで自前の制度を確立していました。これらの制度の設計意図や、そのもととなる理念及び思想を書き残す必要があったのです。

特に、個人保証に関する考え方は、どんなに大きな書店に行っても、私が従えるような説を書いた本に出合えませんでした。そこで、なぜ私が個人保証を、忌み嫌うのではなく、むしろ本物の社長を育てるために役立てるように考えるのかを、後続の経営者たちに解き明かす必要があったのです。

このことを旧知のK先生という大学教授に話しました。するとK先生は、「そういうことを一人でやってはよくない。ただの独りよがりのものができてしまうだけだ」と一蹴されました。がっかりした私でしたが、K先生は、すぐに私のとるべき行動として、MBAへの進学を勧めてくれました。そうです、経営学の専門職大学院です。

私としては、五十歳を過ぎて、何も今更、大学院で勉強でもあるまいと相手にしませんでした。しかしK先生は、頼みもしないのに、私に神戸大学大学院経営学研究科の研究科長を紹介してくれ、アポイントメントまで取ってくれたのです。無下にもできないので、仕方なく神戸大学を訪問し、研究科長と面談しました。

研究科長には、私の個人保証と事業承継に関する考え方を聞いてもらいました。すると意外にも、研究科長が、それは学問的研究の対象になるというのです。そうなると、ろくに勉強もせず中途半端なものを書き残すよりは、きちんと専門分野の先生に指導してもらったほうがよいと、考えが変わりました。

加えて、初めて訪れた神戸大学の六甲キャンパスの美しさに魅了され、ぜひここで勉強してみたいと思いました。結局、私は会長職のまま、五十三歳で神戸大学のＭＢＡ生となったのです。

会長に就任した年に勃発したのがリーマンショックでした。これは全く予想できないことでした。そのため、私の跡を継いだ社長は、初年度で売上げを大きく落とすことになりました。それにもめげず当社では、当時三件のＭ＆Ａを連続して実行していました。そのうちのひとつは、フィットネスクラブ事業の運営会社の買収です。

一連のＭ＆Ａで、従業員数は一気に倍近くになりました。そのため経営陣は非常に多忙で、会長職とＭＢＡでの勉強の両立は大変厳しいものでした。二年間のＭＢＡ在籍中には何度か体調を崩しました。

それでも無事学業を修了し、所期の目標だった個人保証と事業承継に関する修士論文を書き上げることができました。この修士論文が、当社の経営者たちに、個人保証の正しい理解と、事業承継の望ましいやり方を伝える秘伝となったのです。

私の修士論文には二つの大きな特徴があります。ひとつ目は、あまり研究されていなかった非親族承継を取り上げたことです。事業承継に関する研究は、主に親子間を中心にした親族承継に集中しています。しかし、従業員や第三者などとの、血縁関係のない他人同士で社長を交代する事業承継については、まとまった研究がほとんどありませんでした。

二つ目は、非親族承継を経験した社長を三十四人取材したことです。それまで、親子以外の事業承継は少ないだろうと思われていましたが、他人から社長を引き継いだ人を、全国で三十四人も私が探し出したのです。親族ではない人から社長を引き継いだ人が、意外にも多いのだということを明らかにしたのです。

その上、三十四人のうち十四人の社長が、自社株を過半数持った大株主ではありませんでした。そして、その十四人すべてが、会社債務の個人保証をしており、しっかりと経営の実権を握っているのでした。つまり、持ち株割合で自分を上回る大株主がいても、臆することなく自分の意思で経営の采配を振るっていたのです。こういう、私と同じような社長がいること自体、学問の世界では知られていなかったのです。

また、意外にも経営に不可欠な個人保証について、経営学の世界でほとんど関心が寄せられていないことに驚かされました。個人保証は、経営学の分野で未開拓だったのです。つまり、私が参考にしたいと思うような先行研究が非常に少なかったのです。そういうこともあって、私の修士論文は、個人保証を取り上げていながら、学問的な掘り下げ方が不足したものとなってしまいました。

5 事業承継の完了

三つの会社を吸収合併したM＆Aが完了し、続いてひとつの事業を他社に売却しました。一連の経営革新を成し遂げて、会社が少し落ち着きを取り戻した頃、私は会長職を退くことにしました。当初から二期会長をやれば五十七歳になるので、四年で退任することに決めていたのです。

ところが、予想外のことが起こりました。私が、「四年で会長を辞める」と社長に告げると、社長も一緒に退任するというのです。私としては、もう少し長くやってもらいたいと思っていたのですが、五代目の社長は、あっさりと私と共に退任すると決断しました。

実は、私の後任社長であった彼は私より五歳年長でした。以前から六十五歳で会社を去ることに決めていたようで、その実行のためにはその時点で会長職についておいたほうがよいと考えていたようです。

当社六代目となる次期社長の選任については、社長と私の間で完全に意見が一致していました。それは、五代目社長が就任した直後から話し合っていたことです。そして、六代目社長候補を専務職に就けて、経営全般を掌握させる準備を整えていたのです。

幸いリーマンショックによる痛手から業績が回復し、連続したM＆Aによる業績への貢献が出始めていました。ちょうどこの時とばかり、五代目社長は会長職に退き、私は会長から相談役となって三十二年間務めた取締役を退任しました。

私は、自分が社長を降りた時、事業承継が大きく前進したとは思いましたが、それで事業承継が完了したとは思っていませんでした。なぜなら、会長となって権限は大幅に新社長に委譲しましたが、個人保証はそのままだったからです。

社長を降りたから個人保証をしなくてよくなったということは、どこの会社でもありそうなものですが、実はあまりないことです。私も、会長になってから真剣に取り組んだのが、自分がしている金融機関との個人保証契約を解除することでした。

まずは、新規の借入れについては、すべて新社長が個人保証を行います。次に、既存の借入れについては、各取引金融機関に十分事情を説明して、借入れの契約ひとつずつについて私の個人保証を外してもらい、新社長に代わってもらいました。

これらの作業については、私が、次期社長に就任を依頼する時に同時にお願いしてありました。つまり、社長を継いでもらうということは、個人保証に関する次の二つの作業をやってもらうことであると、しっかり伝えていたのです。そのひとつは、個人保証を引き継いでもらうということであり、もうひとつは、私の個人保証を外すことに協力してもらうことです。

おかげで私の契約していた個人保証は、会長在任中にすべて解除されました。同じことが、私の後任の五代目社長が会長になった時にもなされました。彼の会長在任中に、その個人保証はすべて六代目社長に引き継がれました。私は、これを見届けることができたのです。

自分が、まだ会社債務の連帯保証人である時は、いくら社長を辞めたといっても気が休まるものではありません。自分が当事者となっている個人保証契約がすべて解除されて初めて経営者としての重圧から解放されます。

しかし、それでも安心し切るわけにはいきません。人生には何が起こるかは分からないからです。事実、当社の二代目社長は急死し、三代目社長は急病になりました。ひとつの事業承継ができたからといって、事業承継を成功と見なすのは早計だと、私は思います。

やはり、自分が社長を退いても、次の社長がしっかりと個人保証を引き継いで、さらに次の社長へと個人保証が引き継がれるまでは、安心すべきではないでしょう。そういうことから、私は、ひとつの事業承継は次の事業承継で完結すると考えています。

6　博士号の取得

無事に次の事業承継を見届けた私には、気になっていることがありました。それは、修士論文で取り組んだ個人保証と事業承継に関する研究が、中途半端だったことです。相談役となって、ほとんど会社に出なくなった私は、少しずつ研究の続きに取り組んでいました。そんな時に、私にちょうどふさわしいミッションが与えられました。

それは、博士号を取得せよというミッションです。この新たな大目標を与えてくれたのは、一般社団法人倫理研究所の丸山敏秋理事長です。社会教育団体である倫理研究所には、全国に組織された倫理法人会という経営者向けの勉強会があります。そこで私は、二十年以上も勉強の機会を頂き、ＭＢＡの資格所得後は、会員向けの月刊誌などで論文を発表する機会も与えてもらっていました。

会長職を退いたことを倫理研究所に告げると、それでは博士後期課程に進学せよとの命を受けたのです。これには、当時五十八歳という年齢もあって躊躇しました。しかし、ＭＢＡで共に学んだ学友の何人もが博士号取得に頑張っていたことにも刺激を受けて、東京都小平市にある嘉悦大学大学院の博士後期課程に進学を決めました。そこで、中小企業研究の大家である黒瀬直宏教授と三井逸友教授から指導を受けることになりました。

博士後期課程では、三年で博士論文を完成させることを目標にしました。私の博士論文は、もちろん個人保証と事業承継に関する研究です。三年間で博士論文を完成させるには、何より諦めないことが大事でした。体力も限界に近いところまで追い込まれましたし、本物の学者との議論にも耐えなければなりません。

商売は、別名「あきない」と称されるように、飽きずにやるものだと戒められます。学問も同じですが、私にとっては、研究を継続するために何より大事な支えとなるものがありました。それが、研究の動機です。

私を支えた研究動機は、日本の事業承継では、個人保証を引き継ぐことが何より重要で、「事業承継＝個人保証の引き継ぎ」であるという考え方を証明することです。これが証明できれば、事業承継に対する経営者の見方が変わって、もっと事業承継がスムーズに行われるようになるだろうと考えたからです。

それとは別に、もうひとつ私を強く研究にしがみつかせる動機があります。それは、個人保証をしたがために命を絶とうとする経営者を救いたいという願いです。

私が、経営者としての人生を過ごした大半は、デフレ経済下の儲けにくい時代でした。特に、バブル崩壊後の建設業は悲惨を極め、身近な会社の破綻をたくさん見てきました。その結果、何人もの親しい社長が自ら命を絶つという事態にも遭遇しました。

いずれの事態を見聞きしても、私にとっては他人事ではありませんでした。なぜそうなる前に救い出すことができなかったのだろうか。私も、同じ経営者として追い詰められればそうするほかないのだろうか。そうした思いによって、私は、いつも自責の念にかられ、恐怖心に襲われていました。

そうした日々が続くうちに、私の父が死ぬまで連帯保証人だったように、私も死ぬまで個人保証から逃れることはできない、と絶望的な気持ちになっていきました。しかしやがて、もうひとつの方法があることにも気が付きました。

もしかしたら、個人保証を引き継いでくれる人がいたら、死ぬ前でも個人保証から逃れることができるのではないか、と思ったのです。事実、私の先代社長は、私が個人保証をすべて引き継いだので、約十五年間にわたって悠々自適の七十歳代、八十歳代を過ごしました。

そして、それは自分にもできないことではないはずだと思えてきました。個人保証を引き継いでくれる人を準備できさえすれば、自分の個人保証は外せる可能性があるのだと考えられるようになったのです。

これは、私にとって一大発見でした。個人保証と事業承継についての見方が変わったのです。個人保証から逃れるために、自ら死を選んだ社長たちにしてもそうです。彼らの周りを改めて見てみると、それぞれ息子や兄弟が必ずいたのです。また、他人ながら頼りになる右腕もいました。

そのうちの誰かに、早い時点で個人保証を引き継いでもらっていたらどうなっていたでしょうか。おそらくは、あれほど悲惨な結末にはならなかったと思います。きっと何かしらの打開策が生まれて、道が開けたのではないでしょうか。

私自身、自社で現職の社長が急死する、また急遽入院するなどの危機を体験しています。その体験からすると、個人保証を引き継いでくれる人さえいれば、どんな苦しい状況でも当面の危機脱出策は出てくるものだと言い切れます。

このような私の個人的な体験に基づく個人保証と事業承継についての考え方は、これまでの学問の世界には存在しないものでした。だいたい経営学の世界では、個人保証など借金のための些末な制度であるとして関心が持たれていなかったのです。

私の研究は、学問の世界では常識ではなかったことを世に問うものでしたから、なかなか理解されませんでした。そのため、大学院や、研究者の発表の場である各種の学会でも、初めは厳しい批判を受けることが多かったのです。しかし、粘り強く研究を重ね、研究の質を上げていくことで次第に一流の学者からも理解を得られるようになりました。結果として、個人保証と事業承継に関する私の博士論文は審査を通ることができました。

そして私は、所期の三年間を費やし、六十一歳で博士号を取得することができました。それは、学問の世界でも、「事業承継＝個人保証の引き継ぎ」であるという考え方が認知されたことを意味します。

第二章

誰も知らない個人保証のこと

前の章では、私が経営者になって個人保証をするようになり、事業承継によって個人保証を解除されたいきさつを説明しました。そこで述べたのは、確かに個人保証をしていることは苦痛ですが、見方を変えれば引き継ぐこともできるということでした。

私が、そういう考えに至ったのは、本当に個人保証について悩んだからです。そして、何とかしたいと喘ぎながら、個人保証を研究したからです。残念ながら多くの経営者は、そこまでする余裕がないことを私は知っています。それには、大きく二つの理由があります。

ひとつは、金融機関に直接聞きにくいことです。最近でこそ、借入契約の際、個人保証についての型通りの説明をしてくれるようになりました。しかし、古くから個人保証は、金融機関にとっては取るのが当たり前で説明の必要のないものでした。

だいたい契約は原則的に対等とは言うものの、借入れを申し入れた企業側からすると、その条件となっている個人保証について根掘り葉掘り金融機関に聞けるものではありません。嫌なら貸しませんよと言われるのが怖いからです。

もうひとつは、社長が個人保証のことを口にしないからです。ほとんどの社長が個人保証しているはずなのに、親しい社長同士の会話の中にも個人保証のことはあまり出てきません。社長には見栄がありますから、借金していることを悟られたくないし、まして個人保証をしていることがばれるのは嫌なのです。個人保証のことを社長が漏らすようになるのは、いよいよ資金繰りが厳しくなった時です。

そこまでに至らないと、個人保証については語らないのが大方の社長です。気になるなら、もっと人に聞くか自分で調べればよいのですが、そんなことをした社長に私は出会ったことがありません。ですから、普通の社長は個人保証をしていても、個人保証そのものがどういうものかについてはよく知らないのです。社長はみんな、借金を返せば個人保証など問題ないとしか思っていません。

確かに、個人保証は借入金を返せば悩まなくて済むものです。でも、自分が社長を誰かに交代してもらいたい時に、借金が残っていたらどうでしょうか。ここで問題が起こるのです。社長以外の専門家、例えば税理士やコンサルタントの先生方は、事業承継のためには、とにかく借金を減らしなさいとか、なくしなさいとしか言いません。

こうしたことが言えるのは、事業が借入金によって維持されているという現実、つまり経営の継続性の大切さを無視しているからです。会社の人材や設備などが借入金で賄われているのなら、そういう経営体質であることを急激に変えることはむしろ不自然です。

借入金は残したままに、社長だけが交代して、それまでの経営方針をある程度まで継続するのが無難なのです。経営基盤の脆弱な中小企業にとって、急激に借入金を減少させることなど、麻酔なしの手術のように無理を強いることになると、私は思います。社長に適切な助言をする役割の専門家なら、そうしたことを考慮すべきです。

要するに、社長も、会社の外部の専門家も、個人保証についてはある種の固定概念しか持っていないのです。「個人保証は恐ろしい」「継いでくれる人などいるはずがない」という固定概念です。私からすると、それは単なる知識不足から来る誤解です。

そうした誤解を解くために、この章では、個人保証についての情報をいくつかの角度から提供します。経営者にとって重い負担となっている個人保証、こんな制度はなくなってほしいと、ほとんどの経営者は思っているでしょう。しかし、多くの経営者のこんな思いが実現されることなく、この制度は延々と続いています。

それでも、個人保証のことを本当に知っていますかと問われたら、案外ご存じないのではありませんか。実は、経済学でも経営学でも、保証制度についてほとんど研究がなされてきませんでした。ですから、学問の世界からは、これまで経営者に届くような個人保証に関する情報がありませんでした。

そこで、この章では、私の研究成果から、主として経営者が行う個人保証制度について解説します。これを読んでいただいて、私がかつて長い間閉じ込められていた、個人保証という名の暗いトンネルから出てきてもらいたいのです。

1 個人保証はこんなに古い商慣習

個人保証制度が、日本の経済社会にどれほど深く根差しているかを知る手がかりとして、まずは歴史を見ることにしましょう。この制度は、気が遠くなるほどの古い起源を持つ制度なのです。どれほど古いかを分かりやすくするために、今の日本の中小企業の多くが採用している株式会社制度と比較してみましょう（**図表1**）。

日本の保証制度は、株式会社制度と同様に明治時代に法制化されました。しかし、商慣習としての歴史は、株式会社制度とは比較にならないほど古いのです。それは、今、日本で使われているそれぞれの制度の起源を比べれば分かります。

日本の保証制度の起源は、七世紀に中国の唐代に整備された律令制の中に含まれていたと言われています。片や、株式会社制度は、有名な大航海時代、東インド会社が作られたのが始まりとされていて、それが十六世紀の末期です。起源からして千年近い差

図表1　保証制度は株式会社制度よりはるかに古い

	保証制度	株式会社制度
法制化	明治中期	明治中期
起源	7世紀（律令制）	16世紀（東インド会社）
輸入元	唐	欧米
利用開始	奈良	維新後
定着	江戸初期	明治後期

出典：高村［1996］；中田［1984］；西村［1952］(1)を基に筆者が作成

があります。

両制度が、日本へ輸入された時期にも開きがあります。保証制度は、奈良時代に遣唐使が持ち帰った律令制が普及する時、現在の制度とは少し違った形で適用されていることが知られています。それが、今日と同様に用いられているのが確認できるのは江戸時代の初期で、この頃すでに広く一般に定着していたと言えるでしょう。

それからすると、株式会社制度のほうはずっと遅れます。輸入されたのは欧米からで、明治維新の頃だと言われています。この制度、初めは評判が悪かったので、あまり広まりませんでした。ようやく法制化されてからよく使われるようになり、広まったのは一九〇〇年頃で明治時代の後期です。それでも、今のように全国至る所に株式会社がある状態になったのは戦後になってからです。

これほど歴史に差がある両制度ですが、法制度の改正について振り返っても、その違いが明らかです。株式会社制度は会社法に規定されており、これまで何度も改正されてきています。それは、日本の経済発展やグローバル化など株式会社を取り巻く環境変化に応じて機敏に改正されてきたと言えるでしょう。

しかし保証制度は、明治時代の法制化後、一度の改正もされずに来ましたが、ようやく二〇一七年に初めての改正がなされたのです。そうです、百二十年間全く改正されなかったのです。

それも、経営者保証と呼ばれる、経営者が会社の債務に対して行う個人保証についてはほとんど変更されませんでした。これについては後の章で詳しく説明しますが、今、日本の経営者が使っている保証制度は、江戸時代とあまり変わらない制度のままであるかもしれないのです。

歴史が浅く、経済発展に対応して変化を余儀なくされる株式会社制度に対し、保証制度は変わらないことに特徴があります。こうして比較すると、改めて個人保証制度の存在感の大きさを感じていただけるのではないでしょうか。

2　日本だけの特殊な慣習ではない

日本に非常に古くから根付いている個人保証制度ですが、これを日本特有の悪弊であるとして批判する向きが一部にあります。ところが、そうではないのです。アメリカやヨーロッパの国々でも、日本同様に会社債務の個人保証は行われています。それは、近年行われた法務省による調査などで分かっています(2)。

欧米でも、経営者が連帯保証人となって会社の債務を保証することが当たり前なのです。ただし、特にアメリカでは、個人保証を利用する割合が日本より低いようです。と言うのもアメリカでは、上場していない会社に対しても、直接金融といって、株式を購入する投資家がたくさんいるので、日本ほど金融機関からの借入れに頼らなくてもよいからです。

では、欧米でも、会社が借入金の返済ができなくなると、日本と同じように、連帯保証人の社長個人への厳しい取り立てがあるのでしょうか。また、それを苦にした社長が、追い詰められて自殺するということが、日本同様に欧米でも見られるのでしょうか。どうも、この辺りのことは、日本と欧米の間にかなりな違いがありそうです。

こうしたことの比較については、公の機関による調査も学者による研究もほとんどありません。そこで私は、欧米の金融機関で企業への融資を担当したことのある人を探し出して、何人かにインタビューを行いました。

すると分かったのは、外国の金融機関では、融資先の企業の返済能力に疑問を持ち始めたら、直ちに貸付金を回収にかかるということです。そして、場合によっては、融資先に他の金融機関に乗り換えるよう促してでも自行の貸付金の回収を急ぐそうです。この辺は、日本と明らかな違いがあるでしょう。日本の金融機関が、そこまで素早く貸付金の回収に走るという話はあまり聞きません。

でも、実際に会社が返済できなくなり、債務不履行だとして連帯保証人に返済を迫ることについては、欧米諸国でも日本同様に容赦がないようです。会社が払えないなら、社長をはじめとする連帯保証人が、日本でも欧米でも同じような厳しい追及を受けます。

ところが、ここからがまた、日本と欧米で大きな違いのあるところです。欧米の連帯保証人が返済を迫られたら、ほとんどの場合、逃亡するのだそうです。アメリカやオーストラリアのような国土が広大な国々では、州をまたいでどんどん奥地へ入っていくと、追及の手を逃れることが容易にできると言うのです。

また、カナダの場合なら、メキシコまで逃げ込めば金融機関が諦める。フランスの場合なら、中東のレバノンまで逃げ込む（レバノンは、フランスがかつての宗主国であったためフランス語が通じるからなのだそうです）。

欧米では、金融機関が諦めるほどの遠隔地へ逃げ切ることが、返済を迫られた連帯保証人の普通の行動のようです。そして、欧米の金融機関で融資経験のある人によれば、連帯保証人が自殺した話など聞いたことがないとのことです。

やはり、自殺するのは日本人の社長だけなのかもしれません。それは、日本人が情に厚いことが原因していることに間違いありません。しかし、それだけでなく、国土が狭い島国では逃げ切れる可能性が高くないと（国境を越えるのは大変ですから）、多くの連帯保証人が考えるからでしょう。

このように、金融機関による返済の迫り方や、返済を迫られた連帯保証人のとる行動には、日本と欧米では違いがあります。ただし、日本でも欧米でも、概ね同じような個人保証制度を使っていて、会社債務の連帯保証人が置かれる立場に基本的な違いはないのです。

3 なぜ個人保証契約は危険なのか

では、どうして日本における個人保証はそんなに危険なのでしょうか。ここでは、個人保証の恐ろしさをきちんと確認したいと思います。

日本では、自殺者が年間三万人を超える年が二〇一一年まで十二年間も続いていました。そうした状況に対処するために、自殺対策基本法が二〇〇六年に制定されました。その背景のひとつが、男性の自営業・家族従事者の自殺率が高いことでした。

特に秋田県では、この問題を深刻に受け止めて、二〇〇二年から「あきた自殺対策センターNPO法人蜘蛛の糸」が活動を始めています。この活動が、秋田県内における自営業者の自殺の減少に効果を上げています(3)。

また、日本リスクマネジメント学会は、二〇一一年から中小企業分野の研究者であるモンペリエ第一大学のトレス教授がフランスで設立した中小企業経営者健康問題調査機構(AMAROK)の日本支部を開設しました。そこでは、中小企業経営者の自殺予防対策を研究し啓蒙を行う日仏共同研究を始めています。

トレス教授が主に指摘しているのは、次の二点です。第一点は、労働から生じる苦しみについては、いつも従業員側のみが対象とされていて経営者が除外されている点です。第二点は、中小企業経営者に、自分の苦しみに口を閉ざす傾向がある点です。さらにトレス教授は、経営者がなぜ自殺するのかについて、人生を費やして築き上げてきた会社がつぶれてしまうことに、耐えられなかったのだと分析しています(4)。

日本弁護士連合会によれば、破産した人の二七・一八％については、その原因が個人保証に関係するもので、ギャンブルや浪費を原因として破産した人より、はるかに多いそうです(5)。

時々、新聞・雑誌等で、個人保証が経営者を追い詰め、長期の心労により自身の健康を損なっただけでなく、家族や親戚関係を破壊させた事実が報道されています。それらが中小企業経営者を震え上がらせてきました。

特に、『毎日新聞』の「なくなるか個人保証　第三者『人質』の悲劇」（二〇一三年二月十八日付東京朝刊）の記事は大きな反響を呼びました。ここでは、経営に行き詰まった土木会社の社長が、連帯保証人になってもらった妻や親戚に迷惑をかけられないと、保険金が下りる日を待っていたかのように自殺したことが取り上げられています。

どうして社長は、個人保証によって自殺まで考えてしまうのでしょうか。早稲田大学の山野目教授は、それは個人保証契約に次のような危険性があるからだと指摘しています(6)。

個人保証契約は、借入金の契約に伴って行われます。その時点では、本当にきちんと返済できるかどうかについては不確定な部分が大きいのです。間違いなく返済できると思うから社長は借入れを申し出るし、金融機関もきちんと返してくれると思うから貸し出します。

ただし、経済のことですから、何が起こるかは誰にも分かりません。つまり、将来被るかもしれない不利益は不透明ですし、完璧に将来を予測することなど誰にもできないのです。

そして、個人保証契約をする時には、将来何か起こるかもしれないという不安が当然あるにもかかわらず、そういうことは起こらないだろうと感じさせる錯覚が働いてしまいます。ですから、本当は個人保証契約までして資金を借り入れるのはやめておいたほうがよい時においてさえ、個人保証をしたら貸してくれるという期待のほうが上回ってしまうのです。

こういう事態について、ノーベル経済学賞を受賞したカーネマン教授の厳しい見方を借りれば、次のようになります。自分が置かれた状況の不確実性を適切に見極められない社長は、ついつい個人保証契約してしまうことになるのです。つまり、先の読めない社長ほど、危険な個人保証契約を結んでしまいがちだということになります(7)。

さらには、金融機関は中小企業に対して、会社と経営者が一体であることを強調します。そう言われて、「違います、ウチは個人と会社は別です」と言い切れる社長は少数です。また、そういうことを金融機関に言ったところで、ほとんどの場合、相手にされないだけです。社長とは、その職責上、個人の部分と会社の部分を分けて考えることが非常に難しい立場です。

特に中小企業の社長に対して、金融機関は、個人と会社の区別を認めたがりません。貸したお金が回収できない時のリスクを考えると、金融機関は、会社に貸すのであっても、社長の個人資産のところをどうしても一緒に押さえておきたいのです。

このような金融機関の態度を、社長が拒むのはほぼ無理なことです。最初から社長の個人資産を当てにしている金融機関に、社長がいくら今回は会社の借金だからと身構えても通じません。普通は、あっさりと個人保証契約を結ばされるものです。つまり、金融機関側で社長個人と会社は一体であると最初から決めつけているので、金融機関にすれば、個人保証契約を社長側に結ばせるのは簡単なことなのです。

以上のように個人保証契約は、もともと将来何が起こるか分からない中で、きっとうまく行くだろう的な安易さがあって結ばれます。また、社長は、個人保証契約を嫌だと思っていても、金融機関が条件として出してくれれば、ほぼ拒むことができません。これらが、個人保証契約の危険性の根本であると言えるでしょう。

このように必ず不確実性があって、金融機関に言われたら拒めないのが個人保証です。「次の社長にしてやるから引き継いでくれ」といきなり言われても、そんな個人保証を、すんなり受ける後継者はいないと考えるのが妥当です。ですから、個人保証を後継者に引き継いでもらうのには、結構いろいろなテクニックが必要なのです。

4 「経営者保証に関するガイドライン」には期待しない

事あるごとに危険性が指摘されてきた個人保証ですが、近年、少しずつ変化が生じています。個人保証をめぐっては、これまでに、十年以上にわたる活発な議論が展開され、制度の改正が大きく前進してきました。その成果のひとつが、「経営者保証に関するガイドライン」（以下ガイドライン）です。

経営者保証とは、会社の金融債務に対して、社長などの経営者が行う個人保証のことです。ここでは、ガイドラインが公開されたことによって、経営者がどのような影響を受けるかに絞って説明します。したがって、ガイドラインの内容に関する具体的な説明は省略します。詳しく知りたい方は、『これでわかる経営者保証』（小林信明監修、金融財政事情研究会）をご覧ください。

もともとガイドラインが策定されるまでには、金融機関に対して、当たり前のように個人保証を取る姿勢を改めるべきであるという指摘がありました。特に事業承継では、保証している債務の負担が大きいために、経営者が事業承継を希望する時に後継者が現われず、引退できないといった弊害が生じてしまうといったことが知られていました。

具体的には、このガイドラインの策定に関わった中小企業庁の三浦章豪金融課長が、次のように発言しています。

「最近特にお話を伺うことが多くなってきている中で、従業員の優秀な方に自分の跡継ぎ、社長になってほしい、経営者になってほしいという話をしたときに、経営者になるとどうしても十億、二十億円の個人保証がついてくるという話を家族に相談すると、やはり受けられないと言って断られるというようなケースが相当出てきているということです」(「講演　個人保証制度見直しの背景『経営者保証に関するガイドライン』の概要と展望」『事業再生と債権管理』No.一四四、金融財政事情研究会編、三二一三三頁)

個人保証の引き継ぎについては、後継者候補となる本人の意向だけでなく、その家族による拒否によっても実現が難しくなることが、政策担当者にもよく知られていたのです。ガイドライン制定の動機は、このような深刻な事態を是正することでした。

これを汲んで、二〇一三年六月十四日の安倍内閣の閣議において、一定の条件を満たす場合には保証を求めないこと等に関するガイドラインの策定が指示されました。できあがったガイドラインは、金融庁と中小企業庁の合同の研究会を通じてその策定が導かれたもので、日本商工会議所と全国銀行協会を事務局として二〇一三年十二月に公開されました。

ガイドラインには法的拘束力はありませんが、金融庁は、ガイドラインの運用上で金融機関に重大な問題があると認められる場合には、業務改善命令を発出する必要があると明言しています。これからすると、金融機関にとっては、一応は、軽んじることができないルールであると位置づけられています。

このガイドラインの策定過程では、融資契約の際に個人保証を取るか取らないか、または既存の個人保証契約を解除するかしないかの入口論から、私的・法的再生、または廃業・破産という場面での個人保証の取り扱いに関する出口論まで幅広く議論されました。その結果、入口と出口それぞれの利用についてのルールが定められています。ここでは、ガイドラインに関する議論の内でも、主として事業承継に関係する入口論に注目します。

金融庁は、ガイドライン公開後の早い時点から、『「経営者保証に関するガイドライン」の活用に係る参考事例集』を公表しています。そこには、全国の金融機関から金融庁への報告という形式で、金融機関側がガイドラインに沿って個人保証を求めなかったり、前経営者の保証を解除したりした事例が含まれています。

その中で、特に事業承継に該当している事例を調べてみました。結論的に言うと、その事例のすべてが、かねてから各金融機関のメインの取引先であり、長期にわたる取引関係の中で培われた信頼関係がすでに強固だった優良企業において、個人保証が外されたのであろうということです。

仮に、金融庁が示した事例の企業が優良企業であったとしたら、個人保証を外すことに大きな困難はなかったでしょう。しかし、それとは異なり、普通の企業の経営者が、事業承継のために個人保証を外してほしいと金融機関に願い出た場合、その経営者には多大な苦痛を伴うことが、『日本経済新聞』（「『経営者保証』解除徐々に」二〇一四年八月十八日付）で報道されています。そこには、経営者が、事業承継を円滑に行うための準備に取り組んでいるのにもかかわらず、個人保証の解除を拒む冷酷な金融機関の実態が描かれています。

ガイドライン公開の当初から、金融機関側には、中小企業経営者はそこまでして個人保証を外してほしいとは思っていないという、冷ややかな見解がありました。また、そもそもガイドラインで個人保証を外せる企業は、数が少ないと見る弁護士の見解もありました。つまり、財務諸表の数字が良くなければ、金融機関も個人保証の解除には応じられないということが、あらかじめ言われていたのです。

これらの見方だけを取り上げると、あたかもガイドラインは、努力目標として中小企業経営者へ与えられたかの印象を拭い去れません。仮に、これらの見方が、金融機関の持っている基本的な認識であるとすると、事業承継の際に個人保証が外せる機会は、真の優良企業にしか恵まれないことになります。

普通の企業が、個人保証を免れて事業承継に成功することは望むべくもありません。こうした危惧が広がり、中小企業経営者には、やはりガイドラインは優良企業のみを対象としているという落胆が広がっています。

中小企業経営者側に、このような失望を与える背景には、金融庁の一見矛盾であるとも受け取られかねない指導方針が原因しています。金融庁のウェブサイトに示されている、金融機関への指導の基本方針には、「必要なリスクマネーの供給」と「金融機関の健全性の維持」の二つが併記されているのです。

金融庁の立場を推察すれば、この重要な二つの項目は、両者のバランスを前提として併記されているのでしょう。しかし、この二つの基本方針に沿って金融庁に選ばれる参考事例は、個人保証を外すとはいえ、決して金融機関の自己資本に悪影響を及ぼすことのない事例になることがはっきりしています。

つまり、金融機関が個人保証を外すことは、ややもすればリスクマネーの提供になりかねない危険な要因です。したがって、金融機関がきちんと金融庁の指導方針に従えば、「自ら健全性を損なうほどには個人保証を外す必要はない」と解釈することになります。結果的には金融庁のこの矛盾した方針が、普通の企業が事業承継する際に個人保証を外しにくくさせ、円滑であるべき事業承継の足かせになっているのです。

金融機関は、企業からの個人保証を外してほしいという要望に対して、健全性を第一義に審査すれば、要望を拒絶することが可能なのです。果たして、このような基本方針をそのままにしておいて、個人保証に過度に依存しない融資を実現して、事業承継を円滑化することが可能でしょうか。残念ながら、これまで金融庁では、この問題に関して効果的であると受け止められるような対応はなされていません。

その結果を端的に示すのが、**図表2**です。これは、金融庁のウェブサイトに掲示されているデータから抜粋したものです。企業が事業承継するに際して、金融機関による個人保証の取り扱いに関する対応を報告させたものをまとめています。

図表２　「経営者保証ガイドライン」によって個人保証は外れたのか？

2016年10月～2017年3月

	代表者の交代時における対応	件数	構成比
①	旧経営者との保証契約を解除し、かつ、新経営者との保証契約を締結しなかった件数	1,824	7.6%
②	旧経営者との保証契約を解除する一方、新経営者との保証契約を締結した件数	5,741	24.0%
③	旧経営者との保証契約は解除しなかったが、新経営者との保証契約は締結しなかった件数	4,820	20.2%
④	旧経営者との保証契約を解除せず、かつ、新経営者との保証契約を締結した件数	11,488	48.1%
	合計	23,873	100.0%

出典：金融庁ホームページ掲載のデータに一部筆者が加筆した

全国の金融機関から、半年分として二万四千件近くの事業承継に該当する報告がありました。その中で、企業の新旧の代表者が共に個人保証を外せたケースは、全体のわずか七・六％ということです。残りの九二％強の企業で、個人保証を外してほしいという要望があったかどうかまでは分かりません。しかし、この表からは、ガイドラインができても、現状では、ほとんどの企業の事業承継において、個人保証を解除することができていないと受け止めておくのが妥当です。

5 民法改正で必要とされた個人保証

「経営者保証に関するガイドライン」によって、事業承継しようとする経営者が得られる恩恵は、今のところわずかなものにとどまっています。このガイドラインと並行して、十年以上にわたり、もうひとつの個人保証に関する重要な議論が進められていました。こちらの議論では、ガイドラインの議論とは違った意義が生まれました。それが、民法の改正の議論です。

個人保証制度は主として、民法に規定されている「保証」に関する条文を根拠にして運用されています。民法の中でも、保証の条文を含む債権法と呼ばれる部分が、百二十年ぶりに大改正されることになりました。債権法全体の改正については、あまりに膨大なものなので、ここでは触れません。個人保証がどうなるかに限定して、今回の民法改正を検討します。

結論的に言うと、経営者や大株主が、個人として企業の債務を保証する場合の個人保証だけが、保護の対象からはっきりと外されたのです。これが。民法が改正されることによって確定する最も重要な点です。

そんなことは前から同じだったはずで、特に変わったことでもないだろうと思われるかもしれません。しかし、そうではないのです。民法が改正されることによって、個人保証をこれまでとは違う見方で見る必要が出てきたのです。それを、今回の民法改正に関する二つの側面から説明します。

まず、ひとつ目は、改正に至るまでの個人保証をめぐる議論を振り返って考えます。民法を改正しようとして学者などが議論を始めた当初、個人保証による悲惨な事件が多発して社会を騒がせていました。先にも触れた自殺者数が三万人を超えていた頃のことです。

議論の始まりには、民法の保証を改正するなら、個人保証をすべて禁止すべきだという意見も有力でした。個人保証に関連する事件を多く扱っている弁護士や、一部の国会議員などは、全面禁止を強く主張していました。いわゆる保証人保護を徹底すべきだというのが彼らの主張です。

しかし、その後、諸外国の個人保証の調査結果が出て、欧米も日本とあまり変わらないことが分かりました。また金融機関側からは、個人保証がなくなれば中小企業に貸せなくなるとの反論も出始めました。何より、弁護士や国会議員が一番保護したかった保証人である、中小企業の経営者の側から、個人保証がなくなると困るという意見が出てきたのです。

そこで、他の個人保証は極力抑えるけれども、経営者が行う個人保証だけは必要なものだから民法でしっかり認めていこうということで議論が収束したのです。つまり、会社の借入金を経営者が保証することには、その結果で何が起ころうとも、それは経営者もその家族も覚悟してやることだから合理性があるとされたのです。

経営者による会社債務の個人保証だけが、保証人の保護を主眼とした改正で例外とされたのです。かつては、個人保証はとにかく悪いもので、諸悪の根源とまで揶揄されましたが、改正される民法では、経営者による個人保証だけは悪いものではないと結論付けられ、絶対的に存続することが決まったのです。

したがって、経営者には気の毒ですが、個人保証制度がなくなることを期待することは無意味なのです。この制度が不動のものとしてあることを前提に、金融機関との取引関係や自社の事業承継を考えなければなりません。このたびの民法改正で、経営者による個人保証が固定したのです。

二つ目は、改正によって厳格化する第三者保証との比較によって考えます。個人保証をめぐる議論の中では、会社の経営の責任者でもない人が、個人保証することで倒産などに巻き込まれていくことに、何より同情すべきだとされました。そして、こういうことが最も不合理であるとされました。こういう見解にはあまり反論する人もなく、人がやっている会社が行き詰まったからと言って、経営の責任がない人までが破産に追い込まれる制度は改めるべきであるという意見が大勢を占めました。

これについては民法改正の議論が始まる前から、第三者の保証人を保護すべきだとして、金融庁が金融機関に対して指導を行っていました。いわゆる第三者保証は取るなというのが、金融庁の指導の中に現われていたのです。しかし、金融機関の実態としては、金融庁の指導が出てからも、そして今に至っても、経営者の妻や会社の外部の人などの第三者から個人保証を取る行為が平然と行われています。

金融庁の指導の行き届かない点に、はっきりと決着をつけたかったのが今回の改正です。そこでできた新たな法律では、会社の代表者やオーナーなどの会社と一体の立場にある経営者以外の人が個人保証する場合は、公証役場へ行って公正証書で個人保証する意思をきちんと表明することが義務付けられました。つまり第三者保証を、金融機関にとっても、第三者にとっても、もちろん第三者に頼む経営者にとっても非常に面倒なものにして使いにくくしてしまったのです。

ただし、国会を通過した法律案では、この場合の第三者がどこまでを指すのかがあいまいです。例えば、一緒に会社で働いている社長の妻や、代表権のない取締役などが経営者に当たるのか第三者に当たるのかは、はっきりしていません。これらについては、事実上、金融機関側の裁量に委ねられています。

それはともかく、経営責任を負う経営者については、面倒な手続きなどいらず、これまで通り簡単に契約書に自署押印するだけで個人保証ができます。すなわち、少なくとも個人保証契約を行う入口の段階では、経営者を保護する必要などないことが、民法改正で明確になったのです。

このように、経営者の行う個人保証が、法的に明確に再定義されました。これまでは、金融機関の一方的な押し付けのようで、経営者の側からは何となく触れにくいブラックボックス的存在だったのが個人保証です。しかし私は、民法改正を、経営者が個人保証についての概念を改める、時代の転換点であると見るべきだと思います。これからは経営者の側も、個人保証について金融機関と対等に議論すべきなのです。

それと同時に、誰が何と言おうと、個人保証は企業経営にとって不可欠であることが揺るぎないのです。経営者はその現実をしっかりと見つめて、事業承継における個人保証の引き継ぎを準備してほしいものです。なお、二〇一七年六月に公布された今回の改正民法が施行されるのは、二〇二〇年の春頃だろうと予想されています。

第三章

私の事業承継：引き受け編

前章までは個人保証を中心にして説明を行い、事業承継にも少しずつではありますが触れてきました。ここからは、私が体験した事業承継を中心にして説明します。私が、病床の創業者（三代目社長）から次期社長に指名され、二年の準備期間を経て三十五歳で代表取締役社長に就任したことを第一章で述べました。この章では、私が、社長を引き継ぐ時に取り組んだことを紹介します。

1 仲介者として顧問を招聘

社長就任という重大な決断をするにあたっては、私にとって大変頼りになる相談相手がいました。それは当時、当社の顧問として迎えていた私の父の従弟です。

顧問は、亡き父と非常に親しく、私も幼い頃から可愛がってもらっていました。長年、近隣の市役所の幹部を務めていましたが、定年退職後も様々な公職をあてがわれるほどの能吏でした。創業者も、そういう顧問と幼馴染みであり、市役所在職中から敬意を持って接しているのを、私は横から見て知っていました。そこで私が、三顧の礼をもって当社に迎えたのです。

顧問を迎える際に委嘱した任務は、全くできていなかった当社の諸制度の整備です。私には、自分が若輩であることで、父や先代社長のようなワンマン的な経営ができないことが分かっていました。そこで、諸制度を整備しながら、社長以外の幹部にどんどん権限を委譲していこうと考えていたのです。顧問には、市役所での経験を生かし、職務分掌などのやり方を教わりながら組織作りを手伝ってもらいました。

さらにもうひとつ、顧問には重要なお願いをしていました。それは、創業者と私の間の仲介者になってもらうことです。私にとっての創業者は、仕事上の師匠であり、社会生活のあらゆることの手本となる、いわば職業上の親、職親《しょくおや》です。そういう関係のままで、私が社長、創業者が会長となると、私が何を言おうとしても、会長に押さえつけられて当然です。私は、そうなってしまうのが嫌でした。

創業者は実務能力が高く、人格も優れていたので、一対一で話し合って険悪になることはほとんどありませんでした。しかし、何せ年の差三十七歳となると、お互い自分が話していることが、相手にきちんと伝わっているかどうかに自信が持てません。分かったつもりになっていても、相手の次の行動を見ると、全然理解されていない、と戸惑うことが少なくなかったのです。私が社長になるにあたって、会長との間に思い違いがないことを一番重視しました。そのため顧問には、特に私と創業者との関係に気を配ってもらいました。幸い、創業者も顧問に信頼を寄せていましたので、両者の間に生じた数々の難しい問題がうまく片付いていったのです。

正直なところ、会長になった創業者と社長の私の間が、いつもうまく行っていたかというと、そうでありません。表面的には私に任せてくれていた創業者ですが、私が次々と新しいことをやり始めるのについて、すべて心から賛同してくれていたとは言えません。そういう時に顧問が、創業者の不満を聞いてくれていたようです。それは、私にとって非常に助かることでした。

このような顧問の配慮に支えられて、社長就任までの二年間、私は次のようなことに矢継ぎ早に取り組みました。それらは実質的に、私による支配体制を確立するための準備でした。

2 新役員登用

私は、顧問を会社に迎えてすぐに、取締役会の定期開催を始めました。私が副社長になる前の取締役会は、社長から急に声がかかって役員が招集されるという不定期なものでした。私は、毎月二回、月曜日の午前中に定期開催することにしました。そして、取締役会を当社の最高議決機関であると明確に位置づけ、ここ以外で決められたことは無効であると宣言しました。

その頃私が、何とかしなければと考えていたのが、社内のあちこちで頻繁に起こっていた役員間の揉め事です。朝令暮改ならまだしも、役員同士が、言った言わないの言い争いを従業員の目の前で臆面もなく繰り広げるのに呆れていたのです。

私は顧問に、取締役会の進行と議事録作成を依頼しました。それによって、議事運営の円滑化と正確な記録の保存ができて、その手の論争がほとんどなくなりました。

秩序が整った取締役会を開催できるようになって、私が最初に提案したのが役員の増員でした。私が社長になる前の役員構成は、創業者の社長、副社長の私、番頭格の専務、そして主に経理担当である監査役の四人でした。

専務は叩き上げで、何でもできる人でした。監査役は私の実母です。母は、当社の創業時から経営に参画しており、実質的には創業者の一人でした。この四人の年齢構成は、七十歳代の社長、五十歳代の専務と監査役、そして三十歳代の私です。

私には、年長の三人に伍して取締役会を取り仕切る自信がありませんでした。数の上でも自分の支援者を増やしておきたい、そういう意図から新たに四人の新役員を登用するよう提案したのです。

私が副社長になる前に役員だった人たちを旧役員と呼び、私が新たに登用した役員を新役員と呼びました。新役員は四人すべてが四十歳代で、私にとっては話しやすい存在でした。彼らは、有能で頼りがいのある側近になりました。

しかし、私以外の旧役員からすれば、昨日まで顎で使っていた課長クラスの部下を対等に扱わねばならなくなったわけですから、大いに戸惑ったことと思います。

一方で、この四人の新役員は、若くして抜擢されたことによって発奮し大活躍してくれました。もちろん彼らが、旧役員に対抗するための後ろ盾となって、私を支えてくれたことは言うまでもありません。

こうした体制の中で、取締役会は、私の社長就任当初から、概ね私の意図したとおりに運営されていきました。新体制が、ほぼ思い通りに動き出したのです。

3 役員退職金規定の制定

社長就任前にどうしても決めておきたかったのは、役員の退職金規定です。もちろん当社でも、私の父をはじめ役員退職金を支払ったことは何度もありました。しかし、いずれの時も、その都度税理士に相談して額を算出した、いわば場当たり的な決め方でした。

これでは、会社にとっても、退職した役員個人にとっても、大きなマイナスの影響が出てしまうことを私は実感していたのです。ここでは、そのマイナス面を会社と個人に分けて説明します。

まず、会社にとって、あらかじめ役員退職金が定められていないと、必要資金の目標額が決まりません。私の父が亡くなった時にも、生命保険金が会社に入り、それが退職金の一部に充てられましたが、退職金の額を満たすには大きく不足していました。そこで結局は、借入れに依存することになりました。

突然の高額な出費は、もちろん会社の資金繰りを圧迫します。資金的な余裕のなさは、工事の品質の低下や受注獲得競争での焦りにつながります。事実、父の死後、長らく当社の業績は低迷し、借入金が増加していったのです。役員退職金という、会社にとって格別大きな出費に対しては、しっかりと準備することが会社経営の安定のために非常に重要であることを身をもって知りました。

また、退職金をもらう側の役員個人の立場としても、辞めたらいくらもらえるのかが分かっていなければ、いつ辞めたらよいのかを決められません。どのくらいもらえるかが分かっていれば、そろそろ辞めて後進に道を譲ろうという思いも出るでしょう。しかし、あらかじめ決まっていないなら、死ぬまで辞めないとか、身体が続くまで会社にいるということになりかねません。

父の死亡によって会社からもらった退職金は、当時の会社の資金力からすれば、かなり頑張って支払ってくれたほうだと思っています。しかし、もらった退職金を、命がけで社長職を全うした父の働きと見比べた時、やはり少なすぎたと感じました。それは、のちほど説明する株価の評価のせいです。

父の死亡退職金の大半は、私一人で相続しました。同時に、父の名義だった自社株も私一人で相続したため、多額の相続税を負担することになりました。そのため、もらった退職金は残りませんでした。

結局、父が私に残してくれたのは、自宅と自社株だけという結果です。この現実に、私は強く矛盾を感じました。働き過ぎで命を落とした父に対して、会社から補償されたのが、現金に換えることができない株券だけになってしまったのです。

一体、父は何のために身を粉にして会社のために働いてきたのだろうと思わずにはおれませんでした。もっと多くの金品を私に残してほしかったと言うのではありません。休みなく働いてきた父が、自社の株券しか残せなかったことが哀れでならなかったのです。

備えがなかったこと、無知であることが招く哀れな経営者の結末を、私は父に代わって味わってしまったのです。そして、この時、二度とこういう思いを当社の役員やその家族にさせてはなるまいと決心したのです。

ここで述べたように、役員退職金規定がないことは、会社と役員個人に甚大な負の影響を及ぼします。当時、私を次期社長に指名した創業者は入退院を繰り返していました。いつ再び、父と同じようなことが繰り返されるかもしれません。私は急いで役員退職金規定を作り、取締役会と株主総会で議決したのです。

ところで、私が、社長就任前に役員退職金規定を議決しておきたかった大事な理由がもうひとつあります。それは、社長就任後に私が社長の立場で、創業者や年長の役員の退職金の額を決めるのは無理だと思ったからです。彼らに、私が決めた額を、「これが今、会社の払える限度です」と提示しても、すんなりとは受け入れてもらえないだろうと思ったのです。

私が社長になる前であれば、最終決定権者は三代目社長の創業者です。創業者が社長の時に決めたことなら文句は出にくいと考えました。ただし、役員退職金規定ができたからといって、これで退職する役員への支払額が確定したとは思っていませんでした。役員、特に創業者の退職の場合は、規定通りでは当事者に満足してもらえない難しさがあると予想していたのです。そのことにも配慮しながら、私は周到に準備を行いました。

4　旧役員退任スケジュール

取締役会で役員退職金規定の承認を得る際、私は、旧役員の退任スケジュールも一緒に提示しました。この時すでに創業者が七十歳を超えていたため、役員定年制を設けることは議論も難しい状態でした。高齢のトップに自ら辞めるつもりがあるならともかく、辞める気のないトップに定年制の話はできないからです。

退職金というのは、月額報酬に在任年数を乗じて算出するものです。各役員がどのくらいもらえるのかを知らせるためには、仮定としての退任時期を想定する必要があります。そのため、創業者なら七十五歳、他の役員なら六十五歳などと仮定して、退職金額を算出して提示しました。

これを最初に聞いた旧役員の三名は、あくまでも退職金額の算定のための仮定として受け止めました。しかし私としては、ここで提示した旧役員の退任時期は、本当に退任してもらうための目標設定でした。この時に提示した年齢で、どうしても三名とも退任してもらうのだという、胸に秘めた強い決意が私にはあったのです。

その理由は、採用人数を大幅に増やしたいからでした。社長となるなら、やってみたい夢のひとつに、新入社員を次々と採用して養成したいということがありました。会社を永続させていく原動力は、継続して採用活動を行うことによって高まると信じていたからです。しかし、少ない利益の中から、新たな追加経費となる採用を行うことは非常に難しいことです。

継続した採用を実現するためには、総額の人件費を増やさないで、給与の高い役員に退職してもらうのが最も手っ取り早い方法だと思ったのです。したがって、私の提示した旧役員の退任時期は、必要な退職金額の積み立て目標時期であると同時に、採用を一気に増やせる解禁時期でもあったのです。

ところが、この旧役員退任スケジュールは、予想以上に思うようになりませんでした。まずは、専務が持病を悪化させ、五十歳代半ばで引退してしまったのです。この時は、急なことではありましたが、バブル期に入っており資金繰りも潤沢だったので、退職金の資金手当てには困りませんでした。

難渋したのは、会長である創業者と、監査役から常務になっていた私の母です。私は、仮定していた時期が近づいてきた頃、二人にそれぞれ、ぼちぼち退職金の話をさせてくださいと切り出しました。それについて二人とも、あれは仮定の話だったのではないか、と同じように反発しましたが、この程度のことはあらかじめ想定していた範囲です。そこで、長きにわたり会社に多大な貢献をしてもらったことを称えつつ、そろそろ引退してゆっくりと人生を送ってもらいたいという気持ちを伝えました。

けれども、いくらこちらが下手に出ても、相手は職親と実の母です。簡単には引退を受け入れてくれません。そこで、本体の退職金以外にあらかじめ準備した数々の条件を提示しつつ交渉しました。現金給付の加算となる功労金、役員退任後に予定する役職と職務内容、それにふさわしい給与、出勤日数、出勤時間、社用車の利用方法、執務室と机や椅子などと、実に微に入り細に入ったものでした。

これらの条件を、出したり引いたり、上げたり下げたりしながら、会長と常務のそれぞれを相手に一対一で交渉を重ねたのです。ここで、私にとって大きな助けとなったのが顧問の存在です。取締役会の議事進行と議事録作成を兼ねてくれていた顧問には、私と会長、私と常務の個別交渉のすべてに立ち会ってもらいました。

この場合の顧問には、仲介者として交渉をまとめてもらうことを期待したのではありません。ただ二人の話し合いに同席してもらい、双方の主張を記録してもらうことだけを依頼したのです。ですから顧問は、交渉の中では一切口をはさむことがありませんでした。ただ黙々とメモを取り、それをもとに後から清書した議事録を作成して、双方から確認の押印をとるという作業をしてもらいました。

これによって私は、終始冷静に交渉を続けることができました。本当は気が長いとは言えない私ですが、顧問が黙って立ち会ってくれているおかげで感情的になることが少なくて済みました。

会長からも、常務からも、日頃聞いたことのない過去の辛い経験や、今までどれほど我慢してきたかということを延々と繰り返し聞かされました。いい加減にしてくれと頭に来ることもありましたが、顧問がいてくれたおかげで、最終的に交渉をまとめ上げることができたのです。

結局、二人の退任スケジュールと退職金などの条件が合意に至るまでには長い時間を要しました。常務とは約半年、会長とは二年にわたって断続的に交渉を重ねたのです。この時、三十歳代半ばだった私ですが、この交渉で経営者に必要な忍耐力が養われたと思います。

また、今振り返ると、この交渉で私は、自分の権力基盤を固めることができました。密室で行った交渉ですから、私がその内容を人に言うはずがないのですが、会長と常務は少しずつ部下や社外の親しい人に漏らしていたのです。

交渉が成立して少し時間が経ってから、私への接し方が変わった人が何人もいました。結果的に私が交渉を乗り切ったことが、私を見る周囲の目を変えたような気がします。

交渉に時間を要したことで、役員退職金に充てる資金の準備もしっかりできました。主に保険を活用しましたが、この資金は、会長と常務の役員退任後の生活を支える大事なお金です。それだけではなく、新役員を従えた私を頂点とする布陣を盤石にするための投資資金だったのです。役員体制の世代交代が完了したことで、私は自分の意思を経営に一〇〇％反映することができるようになりました。

5 従業員持ち株会の設立

旧役員がすべて退任した頃には私の権力基盤は整っており、その裏付けが個人保証によるものであることを薄々感じるようになっていました。なぜなら、社長になるにあたって、持ち株割合を問題にされることが全くなかったからです。

社長就任当時、私の持ち株割合が三〇％であることに少々不安がありました。若いだけでなく、持ち株割合が五〇％を超えていないことを誰かに指摘されるのではないかという不安です。ところが、社内はもちろん、社長就任に対して祝意をくださる金融機関も、そしてあらゆる取引先も、誰一人持ち株割合のことを口にする人はいませんでした。そのうちに、自分の持ち株割合のことについて気にすることはなくなりました。

そういうこともあって、自分が社長であるのは、個人保証をしているからかもしれないと思うようになっていったのです。

ただ、自分が社長になるにあたり、同業他社と比較して資本金の額が少し小さいのが気になるようになってきました。そこから、株のことをよく考えるようになったのです。

創業者は、私の父と共に会社を起こす際、「誰が社長になってもよい会社を作ろう」と語り合ったそうです。私は、これが当社の創業の精神だと位置づけています。おそらく創業者も父も、戦後間もない無秩序な経済の中で、人に使われて嫌な目に遭ってきたのでしょう。自分たちが作る会社の従業員には、そういう目に遭わせたくないという思いを、その言葉の中に感じるのです。

そのような創業の精神が反映されたのが、私が副社長に就任した当時、創業三十五年目の株主構成でした。具体的に言えば、小さい会社の割に、株主が二十人以上いたのです。そのうち会長と私は三〇％ずつで、残り四〇％を現職のほかの役員と従業員、そして「それ以外」の人が分散して株を所有していました。

この「それ以外」の株主が問題でした。創業当時から、役員や従業員、そして親密な下請業者などに株主になってもらっていたのです。この中には、とっくに退職している人がいたり、当社との取引がほとんどなくなった業者がいたりしました。それどころか、すでに株主が亡くなっており、相続されている株もありました。

私は、同業他社と比べて遜色のないような資本金にしたかったので、増資を検討していました。増資には、各種の方法がありますが、私は、無償増資が一番簡単だと思っていました。それは、株主が金銭支出をせずに資本金を増やせるからです。

しかし結果として、無償増資は選択することができませんでした。それは、当社の創業者から勧められて株主になってくれたとはいえ、すでに縁遠くなっている方々の持ち株を無償で増やすことに抵抗を感じたからです。この会社の株は、今この会社で働いている人に持ってもらいたい、そういうふうに私が考えたのは、次のような私なりの創業の精神の解釈からです。「誰が社長になってもよい会社」なら、社長候補はまずもって社内で養成されなければならない。意欲を持って社長を目指す人が現われやすいように、利益の配当は社内にいる人に還元されるべきだ。そうであれば、株主は現在社内にいる人だけに限定しようと考えたのです。

こういう考えをどうやって実現するかについては、私の友人である公認会計士が親身になって相談に乗ってくれました。彼とは中学校以来の同級生で、お互いの家庭のこともよく知り合っている仲です。そんな彼に、先に述べた役員退職金規定の作り方も含めて指導してもらっていたのです。

株主対策として、税理士でもある彼が私に勧めてくれたのが、従業員持ち株会の設立でした。従業員持ち株会を作って、それを社外に分散した株の受け皿にするという計画を提案してくれたのです。この計画なら、無制限に分散していく可能性のある自社株を、何とか社長の目の届く範囲で管理することができると飛びつきました。

そして私は、社長になって間もなく従業員持ち株会を立ち上げました。初めに取り組んだのは、従業員に所有してもらう株を確保するために、社外に分散した株を回収することです。

これには、旧役員に手分けして取り組んでもらいました。半分くらいの社外株主は、従業員に株を持たせてやる気を出させるためだと言うと、すんなりと売ってくれました。しかし、あとの半分くらいの株主はなかなかうんと言ってくれません。

元の役員や従業員も、あるいは下請業者も、戻してほしいとこちらが言うと、口にこそ出しませんが、「頼まれたから欲しくもないものを買ってやったのに、何を今更」という気持ちがありありと伝わってきます。そこを何とかと、ひたすらお願いするのみです。

実は、この交渉が簡単でないことは、私には最初から分かっていました。従業員持ち株会の構想が出る前に、ちょっとした事件に巻き込まれていたからです。その事件は、私が関係していた別の会社で起こりました。その会社の社長とナンバー3の幹部との間にトラブルが発生し、その幹部が退職に追い込まれたのです。

退職した幹部は、自社株を保有していました。その株を返してくれとその社長は要求しましたが、元幹部は応じません。社長は、険悪になっていた二人の関係から、自社株をどこか良からぬところへ売られるかも分からないという不安に陥りました。そして、自分では元幹部に株を返せと迫っても無理だと考え、私に助けを求めて来たのです。

幸い私とその元幹部との関係は良好だったので、話し合いの場を持つことができました。しかし、株を返してほしいという要望はなかなか受け入れてもらえませんでした。それでも諦めずに、長時間の面談を数回にわたって行いました。面談のほとんどは、元幹部からその社長に対する非難を聞くことに終始しました。同じ苦情を何度も聞かされた上で、私から若干の上乗せした買い取り金額を提示したところ、しぶしぶ株を売却してもらえたのです。

こういう経験から、自社株の買い戻しがいかに難しいかは予想できていました。案の定、社外株主からほとんどの株券を回収するのに五年ほどかかりました。しかし、どうしても一人だけ売ってもらえない株主が残りました。何度もその株主にはお願いに行きましたが、頑として受け入れてもらえません。

私が社長を退任してから久しぶりに頼みに行った時、ようやく売ってくれることになりました。実に二十年を費やしました。全株主が社内の人間だけになれば無償増資を決行するという夢は、結局、私の社長在任中には叶わなかったのです。

従業員持ち株会については、社外株主からの株の回収だけでなく、もうひとつの困難がありました。それは、従業員に株を買ってもらうことでした。社外株主から回収した株を従業員に持ってもらえば、経営への参画意識が高まってモチベーションが向上するだろうと期待したのですが、ただ、それは経営側のメリットでしかありません。

そこで、購入者である従業員側のメリットとして、魅力的な配当を看板に掲げました。それは、一株に付き一割の配当を実施するというものです。それも、どんなに好業績でも一割止まりだけれど、少々業績が悪くなっても一割配当は継続すると宣言したのです。これだけ言えば従業員が飛びつくだろうと思ったのですが、意外にも従業員の反応は冷ややかでした。

それには、いくつか理由がありました。ひとつには、ずっと一割配当が続けられるなんて信じられないという気持ちです。当社には、配当をしなかった年はありませんでしたが、本当に厳しい決算の年には、ほんの数％しか配当を出さなかった年もありました。ですから、一割を継続すると言ってもにわかには信じられないということです。

また当時は、バブルの名残のあった時期でした。バブル期には、郵便局の定期預金の金利が六％にもなっていたので、一割がそんなに大きな魅力に映りませんでした。配当をもらうと、従業員でも確定申告をしなければなりません。その前に二割の源泉徴収をされるので配当は実質八％となり、定期預金の金利との差が今ほど大きくは感じられなかったのです。

従業員持ち株会は社外株主からの回収の苦労の末に、やっとのことで華々しくスタートしたものの、こういう理由から肝心の買い手が集まらない状態でした。まさに笛吹けど踊らずです。

ここで私は、なぜ売れないかを考えに考え抜いた挙げ句、ひとつの結論に達しました。自社株が売れない原因を突き詰めると、定期預金ほどの安心感がないということです。要は、株主になることに安心感を与えなくてはならないと考えたのです。

それができるのは、社長を置いてほかにありません。つまり、私がこれからどのような経営をするのかをしっかり説明すれば、従業員は必ず安心して株を買ってくれると考えたのです。

上場企業で言えば、ＩＲ活動ということになるでしょうか。

従業員に安心して自社株を購入してもらえるように、私が具体的に行ったのは、私が作った経営理念と、幹部と共に作った経営計画の説明です。次の項で詳しく述べる経営理念と経営計画については、私の副社長就任前からできあがっていました。しかし、まだできて間もなく、社内に浸透しているとは言いがたい状況でした。

私は、従業員が株を買ってくれないというピンチを、今こそ経営理念と経営計画の普及のチャンスと捉えて、熱心にこれらについて従業員に語りかけました。その結果、私のＩＲ活動は功を奏し、社外株主から回収した株を役員と一部の従業員へ売りさばくことができました。

この経験は、私にとって大変貴重なものでした。従業員に出資をしてもらうためには、まずは、きちんとした理念と計画が必要だと分かったからです。加えて、自社株の購入を勧誘することが社長の人物像をはっきりさせ、経営に対して従業員の関心を呼び起こすことに素晴らしく効果があることが納得できたのです。

社長にとって、大変手間のかかることではあります。従業員持ち株会の事務局を担当する総務部が売ってくれるのであれば、社長にとって何の手間もかかりません。しかし、社長でなければならない仕事のひとつが、ここにあるのです。従業員に株を買ってもらいたいと願うなら、社長がそれを訴えなければなりません。

私の跡を継いでくれた社長も、これを経験しています。従業員の退職が続いた時など、売るべき自社株がまとまった数になります。そうした時には、総務部が全従業員に呼びかけても、往々にして、なかなか買い手が集まりません。総務部を叱咤激励しても無理なのです。

今こそ、社長が登場すべき時です。社長が、自分の経営方針を社内の隅々に浸透させるチャンスが来た、と前に進み出るタイミングなのです。

これから跡を継いでくれる当社の未来の社長たちも、従業員持ち株会での買い手探しに必ず苦労するでしょう。しかし、それで良いのです。「買い手がいない症候群」の洗礼を受ければ、きっと経営の本質を見つけることができるはずです。

従業員持ち株会は、会社の安定株主として頼りになる存在です。しかし、それだけではないメリットがたくさんあります。数あるメリットのうちでも、特に私は、従業員の経営参画を促す行動を社長が自らとるための動機となることを強調しておきます。

6　経営理念策定

従業員持ち株会では、自社株の買い手を惹き付けるために経営理念が必要だったことを前の項で述べました。正直に言えば、株の買い手探しにこれほど役に立つということに気づくまでは、経営理念を活用しきれていませんでした。

ただし、経営理念についてはいろいろと勉強していました。ほとんどの立派な企業には、ちゃんとした経営理念があることを知っていました。だから自分の会社も立派に見えるように経営理念を作ろう、と思ったわけではありません。むしろ、経営理念など持たない会社でも立派な会社があることを知っていましたので、なくても構わないとも思っていました。

では、なぜ私が経営理念を作ったかというと、それは、それまであった社是ではちょっと困ることがあったからです。私は、経営理念はともかく、経営計画は絶対必要だと考えていました。どのくらい経営計画を重要と考えていたかについては次の項で説明しますが、一言で言えば、経営計画は全従業員にきちんと共有してほしいものだったのです。

経営計画を作ったからには、細部はともかく、そのうちの大目標は会社のあらゆるところに掲示して、従業員が絶えず目にするようにしたかったのです。経営計画を目立つように掲示するなら、その横に従来からの社是がなくては、あれはどうなったのかということになります。そこで、社是を掲げることも検討したのですが、やはりまずいのです。

当社の社是は、亡き父が社長の時に制定しました。ですから、父の形見のようなもので、私にとって粗末にできるものではありません。しかし、社是を構成する三項目のうちで第三の項目が問題なのです。そこには、「厳しい実行予算の確立」とありました。

実行予算とは、建設業独特の原価管理に用いる制度のことです。社是では、限りなく利益を捻出するために活用される現場の予算書を意味しています。経営者が、現場監督などの従業員に対し、できるだけ厳しい予算を組めと命じるのは至極当然のことです。

しかし、これが下請業者の目に留まる現場事務所などに貼ってあればどうでしょうか。いかにも、「お前たちには儲けさせない！」と宣言しているように見られてしまうでしょう。そうすると、こんな会社と付き合っていられないと逃げられてしまいます。

亡き父の心意気はよく分かるのですが、実際のところ、現場の従業員にも今ひとつ不人気でした。あまりにストレート過ぎるのです。そこで、経営計画と並べて掲げるのにふさわしい別のものが必要だったのです。そのために、私は経営理念を考えました。

私が作った経営理念は、次の三つの項目で構成しました。

①　人材育成
②　顧客第一
③　地域密着

ついでに作ったような説明をしてしまいましたが、もちろん私なりの思い入れはたっぷり含んでいます。まずは、第一が「人材育成」であることです。会社によっては、「お客様は神様」式に、「顧客第一」を経営理念の先頭に持ってきているところも少なくないでしょう。しかし、私が人材育成をトップに据えたのには重要な意味があります。

創業の精神である「誰が社長になってもよい会社」には、優れたリーダーが必要です。なぜなら「誰でも社長になれる会社」とは違うからです。リーダーにふさわしいリーダーシップを持った人でないと、「誰が社長になってもよい会社」の社長にはなってもらいたくありません。リーダーシップのない人でも社長になれる「誰でも社長になれる会社」ではないのです。

ですから、経営理念の第一に挙げた人材育成とは、社長になれるようなリーダーシップの養成を目的にしています。それも、全従業員に求めているのです。実のところ社長になれるほどのリーダーシップの養成は非常に難しいことです。経営陣のトップとして必要な資質は多岐にわたりますので、その養成には長期間を要し、特別のプログラムが準備されなければなりません。これについては、次の章で詳しく説明します。

そうした、全従業員を統率できるほどの人材を育てるのには、その手前に控えるそこそこのリーダーが豊富に存在しなければなりません。また、そこそこのリーダーが豊富に存在するためには、見込みのありそうな人材が大量に養成されていなければなりません。要は、一人の社長候補を確保するために、可能性を持った人材を多数抱えている状態にすること、それが私の考える人材育成です。

このように考えるのは、優れたリーダーシップを持った後継者を準備しておくことが、何より重要であるからです。誤解を恐れずに言えば、リーダーシップに欠ける人材が社長になってしまったら、おそらくその会社は混乱の末に破綻することでしょう。

また、たとえ会社が衰退してしまっても、そこに優れたリーダーシップを持った社長が登場すれば、会社は起死回生を果たせるでしょう。同じ衰退してしまった会社でも、そうした人材がいない場合は再生が望めません。

十九世紀のアメリカの思想家ラルフ・ウォルドー・エマソンは「組織とは一人の男の長い影に過ぎない」と述べていますが、私はまさにその通りだと思っています。組織という影が成長して長くなるか、それとも衰退して短くなるかは、すべて一人の人間、社長にかかっているのです。社長になる人がいなくなれば、影としての組織すなわち会社もなくなるのです。こういう意味から、「会社を永続させること」とは「次の社長を準備すること」だと私は言い換えるのです。

これには、私なりの体験が影響しています。先に述べたように、私にとっての事業承継とは、突然襲ってくる災難と同じでした。社長が急に経営の指揮を執れなくなって、会社が混乱に陥る事態は、ある日突然訪れます。ですから、いつでも社長の代わりを準備しておかなければ大変なことになると考えていたのです。

こう考えるようになったのは、私が社長に指名される前からでした。そして、三代目社長の代わりは、持病に悩んでいた当時の専務ではなく常務の私だという自覚もありました。もし私が社長の代わりをすることになったとしたら、その時私が担っていた営業の統括や資金繰りの方針決定を誰がやってくれるかが問題になります。もしそうなったら、営業統括は彼に、資金繰りは彼にと、責任分担の変更を想定していました。

そうなると、自分の担当を代わってやってもらう人の、そのまた代わりの人のことも考えねばなりません。つまり、自分の代わりをしてくれる人がやっていた仕事を誰が変わってやってくれるかということです。このように、もしも社長が仕事をできなくなったらと考えることによって、次々と新しい仕事に挑戦する人の必要性を見出だせます。

こう考えることが習慣になった私は、ほんの数年前に入社した従業員であっても、何年かしたら彼が先輩の○○君の代わりができるようになるだろうと期待するようになりました。そう思いながら若い従業員を見ていることが、いつの間にか私にとっての何よりの楽しみになったのです。

ところが、これもなかなか思うようにはなりません。優秀な従業員は一人前になったなと喜んだ途端に独立したり、親の商売を継ぐために退職したりすることが多いのです。また、若いうちに褒め過ぎると、仕事の選り好みをするようになって、他社へ転職する者も少なくありません。

管理職になると、段階ごとにリーダーシップの限界が見えてきます。課長で優秀だった人が部長でも優秀かどうかは分かりません。部長で優秀だった人が役員になったら目立った業績を上げられなかったということもよくあります。それから、五十歳代になると体調を崩す人も目立ってきます。さらには、目先が利く者ほど、横領などの不正を働く危険性があります。

教育学が専門のローレンス・J・ピーター教授は、「会社のような部長・課長などの階層的な組織では、全ての人は昇進を重ねて、おのおのの無能レベルに到達する」と述べています（『ピーターの法則』）。確かに、そのような気がします。リーダーシップに含まれる部下の管理能力や自身の体調管理について、昇進さえしなかったらボロが出なかったろうにと思われるケースは枚挙に暇がありません。

かく言う私も、社長に就任してから十五年くらいで無能レベルに達してしまっていたのでしょう。高血圧症に悩まされたのがその証拠です。

神戸大学の金井壽宏教授は『組織変革のビジョン』で、「自分は無能レベルに達した」と自覚した時から次の挑戦が始まると述べています。私が、五十三歳になって自分の足場を商売から学問のほうへ移していったのは、社長としてこれ以上自分がやるより代わってもらったほうが会社にとってよいと考えたからです。ある意味で、自分が無能レベルに達したという自覚があったから、新しい分野に挑戦できたのだと言えるのではないでしょうか。

私自身のことはさておき、いかに優秀な人材をたくさん揃えたところで、そのすべてが社長候補にはなり得ないのです。むしろ、めぼしい社長候補が次々と脱落していくことのほうが普通です。だからこそ、従業員を若い頃からコツコツと絶え間なく育てていき、少しでもリーダーシップを涵養して、社長候補と呼べる人材の在庫を確保しておきたいのです。これこそ、私が経営理念の第一に掲げた「人材育成」の目指すところです。

経営理念の第二の「顧客第一」については、世間一般に言われていることと大差ありません。要は、我々の給料はお客様から頂いているということを忘れてはならないということです。ですから、これ以上の説明は省略します。

第三の経営理念「地域密着」には、第一の「人材育成」に深く関係したこだわりがあります。これは、単に営業している地域にしっかりつながろうという程度の意味だけではないのです。ここでも、従業員のリーダーシップの養成を企図しています。

当社が営業している地域では、その地域の様々な方々との交流があります。多様な地域の方々との交流の中で、万が一、あの会社の従業員はダメだなどとレッテルを貼られるようなことがあれば、会社の存在価値さえ失われます。地域で活動させてもらっているなら、その地域で必要とされる企業でなくてはならないのは至極当然のことです。

そのために、悪いことさえしなければよいとか、目立たないほうがよいなどという考え方では消極的過ぎます。むしろ、従業員の一人ひとりに、自分は地域のリーダーであるというほどの自覚を持ってもらいたいのです。つまり、良いことであれば地域の誰もまだやっていないことでも率先して行ったり、日常の業務の中でも地域の手本となるような振る舞いをしたりすることを従業員に求めているのです

例えば、総務部で文具の在庫管理を担当している従業員にしても、地域のリーダーとしての自覚を持ってもらいたいと思います。文具を発注する際に業者の方に不快な思いをさせないように配慮することはもちろんですが、それにとどまらず、当社の対応が地域の標準となるよう、地域内の他社を意識した行動をとってほしいのです。

地域の業者の方々への対応や接客レベルをより高いレベルに引き上げよう、そういう役割を担ってほしいという願いが、この第三の経営理念に込められています。そういう意味で、一人ひとりの従業員には、自分を単なる一担当者と思わず、地域に影響力を与えられるリーダー的な存在であるとの自覚を持つよう促しています。

以上のように、私の作った経営理念は、一人でも多くの本物のリーダーを養成して、いざという時の社長交代に備えておくことを本来の目的にしています。いわば、会社には慢性的にリーダー不足が起こるリスクがあるので、それに備えて人材育成を怠らないよう警告を与え続けているのが、当社の経営理念なのです。

7 経営計画策定

経営理念と同様に、従業員に自社株の購入を促す時に役立ったのが、これから説明する経営計画です。経営計画があるから、前年の実績と前々年までの実績とを比較してきちんと評価し、当年度の予算の正しい意味付けができるのです。これらの数字を根拠として、中長期的な将来計画を示すこともできます。

こうした、いわば従業員を説得するネタがない状態で、単に買ってくれというだけでは、いかに従業員と言えども自分の会社の株を買うものではありません。いや、むしろ従業員だからこそ、会社の現状に厳しい目を持っています。ですから経営者は、いい加減なことを言えないわけです。経営計画は従業員への説得力が増すような整合性を持たなければなりません。

経営計画作りが、毎年恒例になってマンネリ化する恐れもあります。それについては、従業員に本当に共感してもらえるだろうかという視点を持てば、策定作業の緊張感が維持できます。

私の提案で当社が経営計画策定に取り組むようになったのは、私が副社長になる二年前からです。最初に、策定作業をリードしてくれるコンサルタントの先生を選びました。その方の指導に従って策定作業が始まり、初年度はほぼ一年を費やしました。

初年度の参加者は、高齢の社長を除き、専務以下課長クラスまでの十数人でした。全体的な進行についてはコンサルタントの先生に任せましたが、主要な議論では、常務の私が取りまとめをしました。

初年度ですから、いきなり会社の重要課題を議論するなどというところへは至りません。そのずっと前の段階で、議論は行きつ戻りつの繰り返しです。主要な議論というのも、ほとんどが言葉の定義についての議論でした。通常、社内で使われている言葉について、改めてそれが何を意味するのかを議論するのです。

例えば、建設会社ですから、社内の幹部は「大きい工事がしたい」と口を揃えて言います。ところが、この「大きい」の意味するところは、会議の参加者全員でバラバラなのです。ある幹部は、自分がやりたい大きい工事とは一件十億円くらいの工事だと言います。別の幹部は、一件五千万円くらいの工事が大きい工事だと言います。最大から最小までこのくらいの開きがあり、ほとんどの幹部がそれぞれバラバラに、その間の金額を主張するのです。

これでは、「さあ、大きい工事を受注しよう」と号令をかけても、狙っている対象物件が一人ひとり違ってしまいます。ほかにも、同様に解釈の分かれる言葉が多数あり、社内の意思疎通に困難をきたしていました。

私は、このような議論を通じて、当社の幹部にあった三つの問題点を発見しました。第一に、言われたことの意味について、一人で勝手に「こうだろう」と決めつけていることです。

第二に、言われたことに対して問い返すとか、疑問点について議論する習慣がなかったことです。第三に、言われたことについて幹部同士で話し合って内容を協議することがなかったことです。

これら三つの問題点は、いずれも社長からの一方通行的な指示命令に対して、逆らわなかった結果生まれた習慣です。いわゆる指示待ち族が見事に勢揃いしていたことが判明したのです。

そこで私は、徹底的に議論を仕掛けることにしました。例えば、「大きい工事」の議論には八時間かけました。これをはじめとして、あらゆる議論を中途半端にせず、答えが出るまでとことん粘りました。参加者は皆うんざりします。もうこの辺でいいじゃないかという思いが見え見えになります。それでも、私は諦めませんでした。

その結果、経営計画策定の初年度の会議は、全部で二百時間を超えたのです。これは、一回四～八時間の会議を毎月二～三回開催して一年かかった計算です。

私の前では口にこそ出しませんでしたが、参加者にとっての私は本当にしつこかったはずです。しかし、これが後々振り返ると、私が社長になるにあたって非常に有効な議論だったのです。何しろひとつひとつの言葉について、その意味をしっかり議論したのですから、その後は、私の発する号令の解釈が統一されました。

また、各人が自ら考えるように仕向けましたので、「どうしましょうか」という質問が減りました。「このようにしてもいいでしょうか」と自分の案を持ってきてくれるようになったのです。さらに、比較的大きめの問題については、複数の部署で協議することもできるようになりました。これらは、経営計画を策定するまではなかったことでした。

こうした変化は目立つものではありませんが、経営全般から見て、かなり大きな経営革新だったと言えます。つまり、私が社長になる前に準備できた最大の成果は、経営計画の策定だったのです。

私の先代の社長は、こうした社内の変化を感じ取ってくれていたと思います。そしてそれが、三十三歳の私を次の社長として指名する最も大きな要因になったと思います。

経営計画は、それが存在することだけでも企業の将来を明るくします。そしてまた、経営計画の策定作業そのものも後継者育成に非常に有益であることを、私は身をもって体験しました。なぜなら、後継者のリードによって経営計画策定がうまく行くことで、その後継者の正当性が社内で認められるからです。後継者にとって、経営計画の策定はとても忍耐の必要な作業です。しかし、やり遂げれば、少なくとも社内で社長であることを認めてもらえる最善の方法であると言えるでしょう。

経営計画策定が、社長の後継者を育成することに役立つことを強調しました。それは間違いのないことです。ただし、経営計画通りに業績が上げられない時には、その作業も当然に業績好調の時とは異なる困難が生じます。

社長に就任して数年後、バブルが崩壊しました。その後は、業績の厳しい時期が長く続きます。ですから、毎年の経営計画策定作業も四苦八苦の状態でした。

決算月の四か月前から計画策定の作業に入るのですが、始まった時点からその年度の計画が達成できそうもないという見通しになります。それでも社長として気合を入れて、何とか当年度の売上目標を達成しようと檄を飛ばし、その勢いで来年度の予算を今年度より少しでも上乗せさせます。そうしないと、前にも述べた不動産投資から生じた借入金の返済ができなくなりますし、たくさん採用した従業員の昇給もできません。

躍起になって幹部を鼓舞し、計画数字の達成を求めました。しかし、デフレ経済が定着してしまった時点で、売上げにこだわって業績を維持しようとすることには限界がありました。無理をして受注額を確保しても、利益が出ないのです。

やむを得ず売上げよりも利益の確保が優先であるという方針に切り替えました。そして、あらゆる節約策が経営計画に盛り込まれていったのです。

私が社長になって間もなくのバブル期の経営計画は、夢にあふれていました。しかし、バブル崩壊後は、いかにして会社を存続させるかで精一杯、夢を盛り込む余地がなくなっていました。中長期の計画は先行きの見通しが立たないから意味がないと、作成をやめてしまいました。毎年、翌年度の計画をひねり出すのがやっとの状態が長く続いたのです。

そういう時に、私が経営計画の策定会議で語った今後の見込みなどは、今から振り返れば毎年外れていたことと思います。「今年度はダメだけれど、頑張ればきっと来年度は良くなるから」という意味のことを繰り返していました。そうでも言わなければ、会議がいつもお通夜のように湿っぽくなってしまうからです。しかし、私の言ったとおりになる年度は少なかったのです。

それでも毎年、私の指揮によって経営計画が策定され続けました。業績を落としても、計画を大きく下回っても、私がその責任を問われることはありませんでした。それが不思議だと感じた時に思い浮かぶのは、やはり個人保証のことです。

誰も、私を追及して、私に代わって個人保証をしたいという人など現われるはずがないのです。個人にとっては巨額な債務保証を喜んでする人などありません。まして、どこまで続くかも分からないデフレ経済です。奈落の底が見えない中で、私に代わって社長になると手を挙げる人は結局いなかったのです。

経営計画の策定会議は、非常に体力を消耗します。参加している幹部が、少々疲れた顔をしようが、居眠りをしようが、一々怒ったりはしません。しかし、社長の自分は、会議中一瞬たりとも気を抜くことができません。誰か私の代わりに取りまとめをしてくれないかと思うことも、正直なところ何度かありました。

それをせずに頑張れたのも個人保証のおかげです。個人保証していると思えば、とても他人任せにはできないのです。経営計画を作り続けられた支えは、社長の私が個人保証していたということ、それに尽きるでしょう。

第四章

私の事業承継：引き渡し編

前章では、私が先代（創業者）から社長職を引き継ぐにあたって取り組んだことを紹介しながら、その際に後継者として考えたことを説明しました。この章では、私が五十四歳で代表取締役社長を退き、取締役会長に就任することにした経緯と、次の社長になる後継者をどのように育成してきたかを説明します。

1 私の引退計画

三十五歳で社長に就任した際、当社のメインバンクの支店長がその母店の支店長と共に、祝いの席を設けてくれたことがありました。その時、二人の支店長が「津島さんはこれから三十年も社長を務められる。たっぷり時間がありますから、何でもできますね」と言ってくれたのです。もちろん、それが祝意であるとは分かっていましたが、私には少しも嬉しくありませんでした。

私は最初から三十年間も社長をやるつもりがなかったのです。私には、三十歳の頃に立てた人生設計があり、そこでは五十七歳で当社を引退すると決めてありました。なぜ五十七歳かというと、それには訳があります。

私は、二十八歳の頃から地域のロータリークラブなどの奉仕団体や、商工会議所などの経済団体の会員でした。そうした団体に入会して数年経つと、若い私にも役職が回ってきて、会のお世話役を務めることになりました。幹事などの役に就くと、五十〜六十歳代はもちろん、七十〜八十歳代の長老の会員とも個人的に交流することになります。

そうした年長の社長たちとの交流の中で、当時の私としては大きな発見をしたのです。それは、社長だからと言って、皆が能力も人格も優れた人物だとは限らないということです。「社長なら当然、立派な人のはずだ」というのが、若き日の私の思い込みでした。

しかし実際には、「さすがに社長だ。素晴らしい人物だ」と言えるような人は意外に少なかったのです。当時の七十〜八十歳代の社長さんたちには、先の大戦で戦地に赴き苦労された方が多く、そういう方々の話には耳を傾けたい魅力を感じました。ところが、五十〜六十歳代の社長には、当時の私から見て、この人の下では働きたくないと思えるような人物が意外に多く、失礼ながら、こんな人でも務まるのだと、社長という職のイメージを悪くしてしまったものです。

そうした体験をしながら、三十歳の頃、ある偉大な経営者のことを知ることになりました。それは、明治時代に急成長した財閥である住友の第二代総理事、伊庭貞剛です。伊庭は、別子銅山中興の祖と呼ばれ、今の住友グループの発展の基礎を築いた名経営者として知られています。伊庭の優れた業績について詳しく説明したいところですが、ここでは、私が感服した彼の引き際に絞って紹介します。

伊庭は、日本経済の黎明期に起こった住友新居浜煙害問題に命がけで取り組みました。この未曽有の公害事件を見事に解決し、住友家から全権を任される総理事に就任しました。しかし、わずか五十七歳にして引退、滋賀県の片田舎である石山に隠棲してしまいました。その時残した言葉が、今に伝えられています。それは、「事業の進歩発展を最も害するものは、青年の過失ではなくて、老人の跋扈《ばっこ》である」という名言です。

私は、この言葉を見た途端感激し、高齢であるというだけで社長でいることは良くないことなのだと確信したのです。その上で、高齢だと思われる前に引退してしまう勇気が経営者には必要なのだと肝に銘じました。

ちょうどその頃、私は、アメリカのポール・J・マイヤーが開発した自己啓発プログラムに取り組んでいました。このプログラムの重要なメソッドには、人生設計の作成が含まれていました。この時、私の作成した人生設計の最大の目標が、「五十七歳で引退」として記されたのです。

ということで、社長になる以前にできあがっていた私の人生設計では、五十七歳での引退が決まっていました。ですから、社長就任祝いをしてくれた支店長から言われた三十年後、つまり六十五歳まで社長をやるつもりは初めからありませんでした。五十七歳になったら役員は退いており、別のことをしているはずでした。

ただ、三十歳代前半で立てた人生設計では、引退後はそれまでやってきた商売とは別の商売を始めることにしていました。したがって、私の現状が商売ではなく研究中心の生活になっていることについては最初の計画とは違っています。人生には思いがけないことが起こりますが、経営者としての引退を計画通りにできたことだけには満足しています。

2 私にとって望ましい後継者とは

五十歳を前にして引退計画の実行に着手したので、私の社長時代の終盤は後継者育成に重点を置くことになりました。そして、五十三歳で代表取締役社長を退いて、取締役会長を四年務め、五十七歳で取締役を退任しました。この引退の経緯はすでに説明しました。ここでは、それに備えて行った、後継者の育成に焦点を当てて説明を続けます。

私にとって理想の後継者は、経営者に必要なあらゆる資質を備えたリーダーシップのある人材です。でも、そんな人材が目の前に突然現われることなど、あり得ません。そこで私は、後継者になる人が最低でもこれだけはできるという条件を絞り込んでいました。他のすべてが不十分でもこの能力さえあれば、私が経営をできなくなる「いざという時」に代わりを務めてもらえると考えたのです。それは、資金繰りが分かる能力です。

資金繰りと言っても、経理の担当者が入金と出金のつじつまを合わせるレベルのことではありません。会社全体の現金の出と入りを少なくとも数か月先まで把握し、それを最もロスの少ないようにコントロールする仕事のことです。この仕事を担当する人の能力には大きな差が出ます。なぜなら、資金繰りという仕事が経営全般に関係する、いわば総合的な業務だからです。

この業務を、単に手持ち資金が底をつくことを意味する「資金ショート」を起こさないためだけの仕事と捉えてはいけません。よく演劇やオペラ、そして映画が総合芸術と呼ばれます。それは、それらが、絵画、音楽、舞踏、建築などの芸術が混交されて創造される統一的な芸術だからです。私は資金繰りも、多様な業務を統一して行われるべき総合的な業務だと思います。その意味で、総合芸術にもたとえられるでしょう。

つまり、資金繰りのあるべき姿とはこうです。社内で行われている営業や製造などのあらゆる活動の過去の実績を踏まえて、現状の動向を把握しながら、先々の傾向を予測して実行するのです。そして、資金繰りによって生じる借入金利などのコストが最小限で収まるよう、戦略的に計画を立案し、先手先手で策を講ずるのです。

そのために、資金繰りに責任を持つ経営者は、社内の全部署から必要な情報をタイムリーに収集し、それを的確に分析しなければなりません。通常、営業や製造などの各部署では、自部門のことに関する情報管理で手一杯です。しかし、資金繰りにおいては、各部門からの情報を基にして、時には部門間の利害対立に決着をつける判断を下さなければなりません。

そうした大きな判断の権限を与えられていることによって、資金繰りが機動的かつ戦略的に実行できるのです。その結果、経営全般が効率的になって無駄なく進められます。

大企業の工場や販社などの事業所では、工場長や販売会社の社長以上に権限を持っているかのような経理の責任者に出会うことがあります。そうした会社では、経理の責任者に資金繰りが任されており、その権限において事業所全体がコントロールされていることが分かります。

こうした大企業の例にもならって、中小企業においても、社長を資金繰りの面で補佐する最高財務責任者（ＣＦＯ）を養成するために、有名大学主催のセミナーが設けられています。こうしたセミナーを通じて、多忙な社長を資金繰りの面でしっかり支える専門家を養成することに、何ら異議はありません。

しかし、ある中小企業で立派なＣＦＯが誕生したとしても、その会社の社長が資金繰りが分からないのでは何にもならないのです。このことは、理屈で説明するより、私の体験で説明したほうがよく分かっていただけると思います。

当社では、かつてブライダル事業のためのテナントビルを所有していたことがありました。そのビルのテナントは、ブライダル業界で注目を集めていたベンチャー企業でした。当社のビルでの事業はオープン当初から大盛況でした。テナントのブライダル業者は、その勢いに乗って全国各地に次々と拠点を設けて売上げの拡大を狙いました。

しかし、新規に手掛けた事業はことごとく不調でした。結果として、当社のビルで儲けた資金が他の不採算店舗の穴埋めのために流出したのです。そのため、当社への家賃が滞ることになってしまいました。私は、再三テナント企業の社長と財務担当役員に面会を求めて支払いを督促しました。

その企業の財務担当役員は、非常に優秀な人物でした。上場を目指していた社長が、大企業の財務担当者をスカウトして右腕としていたのです。家賃が滞り始めた当初は、彼による資金繰りの説明が明瞭でした。ですから私も、未収金の回収に期待を持ったものです。しかし、徐々に彼らの資金繰りが厳しさを増してくると、こちらが追及しても財務担当役員が答えられない場面が出てきました。

そうした時、テナント企業の社長に矛先を向けると、いつもしどろもどろで何とも頼りないのです。要は、社長は営業の達人として業界で知られた人ではあったけれど、資金繰りについてはまるで無知に等しい人物だったのです。

その後、テナント企業の資金繰りはさらに悪化したのですが、それにつれて財務担当役員の体調もおかしくなります。ある時は、督促のため面会すると苦痛に顔をゆがめていました。しかし、それからのちに、この財務担当者と面会することはありませんでした。病気のための休養の後、退職してしまったのです。

私は、逃げられたと思いました。それは、彼の上司だったテナント企業の社長にしても同じ思いでしょう。でも、財務担当役員やCFOというのはそういうものだと思います。ぎりぎりまで追い詰められれば逃げてしまうものなのです。ところが、社長は逃げられません。もちろん、彼が個人保証をしているからです。

私は、有能な財務担当者との交渉の道を絶たれ、資金繰りに無能な社長を相手にするほかなくなりました。そこで、これ以上、テナント企業に家賃の督促をすることを諦めたのです。代わりに私が取った行動は、当社のビルで行われているブライダル事業を買い取ってしまうことでした。従業員二十名ほどのブライダル事業を買い取り、テナント企業の未払金を帳消しにしました。

結局、私は、未経験のブライダル事業を自分で手掛けることになったのです。そうなったのは、その社長が資金繰りに無能だったからです。出会った当初は、彼の営業面の才能の豊かさに目を見張りました。そして、彼と共に事業を発展させる夢を見ました。

しかし彼は、どんなに窮地に立たされても、資金繰りに真正面から取り組もうとはしませんでした。ただ、オドオドとおののくばかりでした。「人は得意で失敗する」と言われます。彼のように、あまりに営業面の能力を高く評価され過ぎると、資金繰りについての無関心が、やがては資金繰りを嫌悪するようになってしまい、ついには挫折してしまうのです。

このような体験からも、社長となる後継者には、早い段階から資金繰りの難しさに対する免疫を養ってもらわねばならないと思います。それは何も、出納の帳簿付けから覚えさせろと言うのではありません。入出金の流れを自分の判断で決めることを、社長になる前から経験させたほうがよいということなのです。

私の社長時代は、ほとんどがバブル崩壊後のデフレ経済期でした。そのため借入金の返済に気を遣うことが多い毎日でした。しかし幸いなことに、一度も返済に窮したことはありませんでした。もちろん金融機関にリスケ（返済猶予）などの借入条件の変更を申し出たこともありませんでした。また、借入れを申し出て断られたこともありません。

そうなれたのは、前にも述べたように、私が二十歳代から資金繰りを手掛けていたからです。厳しい予算の物件を受注する時にも、多額の資金を要する設備投資を行う時にも、資金繰りが頭の中で整理できていたので判断ができたのです。

資金繰りが分かるということは、経営の舵取り役である社長にとって大きなメリットになります。それは、自社で取り扱う商品や事業を柔軟に選択できるということです。

ほとんどの社長は、自分が起こした事業、あるいは継いだ事業にこだわって業績を伸ばそうとします。中小企業経営者向けのノウハウ本にも、積極的に多角化を進めるものはほとんどありません。あっても、多角化は本業の周辺にとどめよと言うのが関の山です。

しかし、従業員をリストラしなければ生き残れないほどの苦境に立ったら、多角化の良し悪しなど言っていられません。とにかく生き延びようと、商売を続けていくために何かを売らなければなりません。そんな時に、過去にこだわらず、やったことがないことでも、何かを作って、あるいは何かを仕入れて売るという柔軟な発想が必要です。

ウチは創業以来〇〇屋だからとか、社長の自分は〇〇の技術者だからなどとこだわっていては、生き残れないこともあるのです。少なくとも、私が社長を務めていたバブル崩壊後は、リストラなどして会社を縮小する以外なら、何でもできるという気概がなければなりませんでした。

そういう会社の危機的な状況下で、威力を発揮するのが社長の資金管理能力です。社長が資金繰りが分かるということは、売るほうも買うほうも両面で会社の強みを熟知していることになります。ですから、厳しい経営環境の中に追い込まれても、今ならこれを仕入れて加工し、あそこへ売ればよいなどという臨機応変な対応が可能になるのです。

良い例があります。デフレ経済が年々深刻化していた二〇〇〇年代の後半、私は、ある非常に高収益の同業者を発見しました。その頃の私は、自社が経常利益を一～二％程度しか上げられない状態が続く中で、他社はどのくらい儲けているのかが気になっていました。そこで毎年、西日本の各県で経常利益率が高い会社を見つけては、その会社を研究していました。

その頃の建設会社というのは今とは大違いで、儲からない業種の代表格でした。大手ゼネコンから始まって中小零細まで、赤字の企業も珍しくない中、当社と同じく経常利益率一～二％程度の会社が多かったのです。三％を超えている会社があると珍しく、よく儲けているなあと感心するほどでした。

そんな中、九州の大分県に経常利益率一〇％を超える会社を発見した時は、目玉が飛び出るほど驚きました。早速その会社を調べようとしましたが、四国の当社からは遠く離れているため、よく分かりません。それでもどうしても気になった私は、伝手を探し、その会社の社長に面談を申し込みました。運良く面談できた私は、その社長から非常に重要なことを学べました。

結論的に言うと、その社長は天才でした。誰もが例外なく不況に苦しんでいる時に、悠々と高収益を上げ、個人で年収一億円以上の報酬を得ていたのです。

しかも、当社と売上げも従業員数も大差ない規模です。私としては、同じ儲けることが本職である社長として、むしろ自信喪失してしまうほどの利益率の格差でした。ですから、たくさんの興味深い話が直に聞けたものの、その社長をすぐに真似してできることはほとんどありませんでした。

これほどの経営の天才から学べることが少なかったことは残念でしたが、それは私の器の小ささゆえのことで致し方ありません。ただし、ひとつだけ、やはりそうだったかと共感できることがありました。その社長は、めっぽう数字に強そうで、特にお金の計算においては圧倒されるほどの素早さで話が進んでいきます。

そうです、彼はお金の動きに非常に敏感なのでした。話によると、受注が減ってくる予想が立つと、その分を何によって補うかを、新聞・雑誌をはじめとするあらゆる情報源から探し出します。そこで見つけた売れそうな商品やメンテナンス工事を、いち早くパッケージにして営業マンに持たせ、見込みのありそうな地域に誰より早く売り込ませるのです。

つまり、受注が減ってから右往左往するのでなく、受注が減らないように先に手を打つことで利益率を高水準で維持していたのでした。当然ながら、その時に売れるものを探し出して売るのですから、従来からの実績にこだわることなどありません。自社で売れて利益になることが優先します。

ここまでの機敏さと柔軟さは、ほかでは未だに見たことがありません。聞けばその社長は、創業した時から資金繰りに細心の注意を払い、倒産しない会社を目指したとのことです。やはり資金繰りに卓越すれば、商売の可能性が広がってくるのでしょう。

古来、「利は元にあり」と言われます。何か良い話が転がっていないかと目を外に向けてきょろきょろするよりも、自社の資金繰りをしっかり見つめて、そこから新たな商機を見つけにいくことが王道ではないでしょうか。私は、理想の後継者として、資金繰りが分かる人を育てることにしています。

3 子会社の活用

資金繰りが分かる後継者を育てるために、私は子会社を活用しました。子会社は、何社か作ってはつぶしました。いずれも作った時の表面的な目的は、自社内のある部門の自立でした。ひとつの小さな事業部門を分社化するのですが、ある時には既存事業の一部だったり、またある時には全くの新規事業だったりです。

分社化してその事業を採算がとれるようにさせて、そこで生まれた利益で本社に貢献させる。これが、どの子会社にも共通した目的です。

しかしながら、これだけなら何もわざわざ分社化しなくてもよいのです。きちんと部門ごとの経費を管理すれば、その事業の採算がどうかぐらいは分かります。子会社を作る本当の目的は、やはり幹部のリーダーシップ養成で、分社化はその手段です。

子会社を作る時には、スタート時点では私が社長を兼務します。そして一人の幹部を指名して、ある事業目的をミッションとして与えます。指名された幹部は、そのミッションの遂行のために会社を設立します。一人で会社を設立することで会社の意義目的を明確に体得させます。会社設立の法的な手続きは、社内の経験者や外部の司法書士などに聞けば分かります。聞きながら、会社を作ることが何のために必要かを理解させるのです。

次に、自分の社会保険や税金の納付手続きを行わせます。これも重要なことで、これを経験しない従業員は、サラリーマンを三十年、四十年とやっていても給与の手取りにしか興味が湧きません。しかしそれでは、退職するまで、自分で国民健康保険料や年金保険料、税金などを負担するイメージが持てませんし、退職後にそれらを直に請求された時には困惑することでしょう。

それよりも、会社がそれらを負担していることを理解できている従業員の少ないことのほうが問題です。したがって、これらの基本的な仕組みを理解させることは、経営者になる前にぜひ必要なことです。この点でも、会社設立は後継者育成に好都合なのです。

会社を設立する時に必ず行うのが金融機関の口座開設です。ここで、経営者として初めて金融機関を訪れ、経営者の立場で行員に対応してもらいます。個人の立場で、金融機関の窓口に立ってやり取りするのとは、また違った緊張感を味わいます。そしてこれが、近い将来の資金調達のための業務の入口となるのです。

普段は、経理担当者でもなければ、普通の従業員が金融機関へ行く用事はほとんどないはずです。しかし、経営者となったからには、金融機関に親しみを持って、いつでも行けるという気軽さが必要です。そのために、金融機関にはなるべく進んで足を運ぶよう促します。社長の私から、新しく起こした会社の金融機関対応を命じられたら、できたばかりの会社ですから、ほかに頼める人もいません。自分でやらざるを得ないのです。そういう環境を作るのに、子会社は適しています。

子会社では、事業が軌道に乗ってきたら、本社からの資金援助は控えて、自前での資金調達を行わせます。自前の資金調達と言っても、出資を求めるわけではなく、金融機関にお願いに行くのです。初めは、私が子会社の責任者を伴い一緒に金融機関へ行きます。借入れの条件を交渉し、私が連帯保証人となって借入金を獲得します。その後の金融機関対応は、なるべく子会社の責任者に任せ、社長の私はできるだけ前に出ません。

そうしておいて、金融機関に関する人事などの情報が、子会社の責任者から私に入ってくるようになる時がひとつの節目です。金融機関では定期的に人事異動がありますが、当社へ来てくれる担当者や上席の幹部、そして支店長などの異動に関しては十分注意を払うようあらかじめ指示しておきます。こうした人事に関する情報が、新聞発表などよりも先んじて私にもたらされるようになると、この子会社の責任者と金融機関との関係が親密なものになっていると判断できます。

もちろん私は、本社の社長の立場で、同じ金融機関の役員や支店長の方々と情報交換をしています。そうした会話の中から、子会社の責任者に関する情報も金融機関側から提供してもらえます。これらの情報を総合的に判断して、子会社の責任者が、金融機関から十分な信頼を得ていることが確認できるようになります。

そういう状態になると、私が子会社の社長を兼務する必要がなくなり、その責任者と社長を交代します。そして、大きな金額に関する決済以外は、子会社の新社長に任せてしまいます。それからは、重要な問題の報告と相談を受けるのみです。

子会社の新社長は、新たな借入金を自分で申し込むにあたり、今度は自分で個人保証をします。新会社設立の当初に借り入れた金額については私が個人保証していますが、新規の借入れについては新社長が個人保証するのです。ここで、子会社の新社長は、人生で初めて会社の連帯保証人になる経験をします。

この辺まで経営の経験を積むと、ほとんどの人は覚悟を決めて自分から進んで個人保証契約をします。したがって、私が無理に個人保証を強要するようなことはありません。言うまでもなく新社長は、子会社を創業して以来、一人で資金繰りをやっていますので、借入れの必要性は十分承知しています。その上で自分の判断で金融機関に借入れの申し入れをし、自分の名前で個人保証契約も結びます。

子会社の調達する借入金ですから、本社の借入金の額と比べると小さな金額です。しかし、連帯保証人を一度経験すれば、のちに本社の大きな金額を個人保証する時も覚悟が決めやすいのです。

連帯保証人は、一度やれば何度やっても同じだという方が、世の社長の中にはいるかもしれません。しかし、私の三十二年間の経験からすると、何回目であっても個人保証契約の印鑑を押す時は緊張するものです。

実際のところ、当社の子会社の社長だった一人の幹部は、連帯保証人になって数年で体調を崩して退職してしまいました。普通の業務はともかく、やはり個人保証だけは酷く身体にこたえたようです。優秀な人材だったので本当に惜しいことでした。

この幹部のように、年齢やその時の体調にも左右されるとは思いますが、誰でも連帯保証人を務められるというわけではないのです。それだけに、社長にはなれても、個人保証ができるまでの後継者育成にはもう一工夫が必要です。ただの社長と個人保証ができる社長とは全く別物だと、私は思います。

私は、こうしたやり方で子会社を活用して、個人保証ができるまでの後継者育成を行いました。私が事業承継の研究対象とした社長の中で、同じような方法で自分の後継社長を養成した方がいます。それは、私が長野県伊那市で取材した建設工事業を営むT氏（六十五歳）です。

T氏は、オーナー経営だった会社で初めてオーナー一族以外から社長になった方です。オーナー一族からは全幅の信頼を得て社長業を務めながら、次の社長も自分と同じように社内のオーナー家以外の人材を登用しようと考えました。そこで、何人かの幹部の中から優秀な一人を選び、新規事業の担当に任命しました。

任命されたのは、中途入社で頭角を現わしたI氏（五十八歳）です。I氏は早速、本社とは別の場所に拠点を構えて事業をスタートしました。初めは順調だった新規事業ですが、次第に振るわなくなり、結局はせっかく出した拠点を閉鎖することになりました。I氏の新規事業は失敗に終わったのです。

本社の社長のT氏は、子会社の経営に失敗したI氏に対し、本社へ戻って専務になるよう要請しました。つまり、ここでT氏は、I氏を自分の後継者候補と位置付けたのです。

一方で、この要請を受けたI氏は大いに悩みました。期待されて手がけた新規事業が失敗し、会社に損害を与えたのです。「今更、自分が大きな顔をして本社へ戻れるだろうか」。しかし、I氏は迷った挙げ句、T氏の要請を受け入れました。「ここで辞めては逃げたことになると思い直した」とI氏は語っています。結果、I氏は専務となって、社長のT氏と共に個人保証を担いました。この後にI氏は、T氏の後継社長となったのです。

T氏は、経営に失敗して自信喪失したI氏に、再びチャンスを与えました。またそこで、専務として社長と共に連帯保証人となる苦労を共有させ、その上で社長に就任させたのです。

それができたT氏の忍耐力が素晴らしいと思います。業務の失敗を許し、それをむしろ将来の社長になるための糧として成長を見守ったT氏に、大いに学びたいと思いました。私には、なかなかできないことです。

しかし、人材の少ない中小企業とすれば、当たり前のことと考えるべきかもしれません。多くの優秀な人材に競争させてトップを目指させ、勝ち残った人を社長にできる大企業とは違い、中小企業では、これはという後継者候補に出会うこと自体が幸運なことです。そうした数少ないチャンスを生かすには、その人材を何とか社長にまでたどり着かせるような工夫をしなければなりません。

先にも述べたように、いくらこの人と思えるような魅力的な人材がいたとしても、社長にまでできる可能性は常に小さいと思っていなければなりません。自分の次の社長を受けてくれそうな人材は、何とか生かし切るよう考え抜くのが後継者確保の要諦です。そのためには、じっくり腰を据えて、後継者として成長するまで、また周囲がそれを認めるまで待つための忍耐が必要なのです。そのことをT氏から教わりました。

私も、幹部の成長を期待して何度も子会社を作りましたが、残念ながらT氏ほど我慢強くはありませんでした。ある時、業績が低迷気味の一人の幹部にチャンスを与えようと、新規事業を任せて子会社を立ち上げさせました。環境を変えたらやる気を出すだろうと期待したのですが、彼は本社から外に出されたという疎外感を持ち意気消沈してしまいました。

また、別の部長クラスの幹部について、私と他の役員とで評価が分かれた時がありました。私は、それなら子会社を作って一人でやらせてみようじゃないかと提案し、その幹部のための子会社を作りました。実は私は、その幹部の実力をあまり評価していなかったのです。案の定、その子会社は、設立以来一度も黒字を出すことがないまま廃業せざるを得ませんでした。

子会社で実績を上げられなかった幹部たちは、それぞれ紆余曲折はあったものの、子会社の営業を停止したのち、結局皆が退職していきました。そういう人材を本社へ戻して再活性化できた例は、正直なところ、私にはほとんどありません。ですから、T氏のされたことの難しさがよく分かるのです。

ところで、私が後を託した五代目社長にも子会社の社長を経験してもらっています。彼は、もともと技術者でしたが、長い間営業でも経験を積んでいました。私は、彼が非常に計算が早いことに注目していました。つまり、彼ならうまく資金繰りができるだろうと見込んでいたのです。そこで、ある子会社を立ち上げさせて、その会社の一人だけの従業員として部長に指名したのです。

彼には、先に述べたような会社の設立や金融機関との交渉など、ほとんどすべての業務を最初から任せました。もちろん資金繰りについてもやってもらい、期待通りに成果を出してくれました。

この子会社では、次々と不動産投資を行ったので、億単位の借入金が毎年のように積み上がりました。そのための返済原資をどう確保するかは、売上げや利益、そして税金も含めた他の経費の支出との関係で複雑な仕事となります。

この仕事では、先の見通しがうまく立てられないと、ちょっとした手違いで資金ショートを起こしかねません。反対に、資金ショートが怖いからと言って、多めに手元資金を持とうとすると、知らぬ間に実質金利が上がってしまうことになります。それでは、気づかぬところで金利を余計に負担するロスが生じるのです。

ですから、手元資金はできるだけ少なめにしておきたいのです。それができるためには、先々の入出金管理と、金利負担に関する鋭敏な感覚が必要です。計算に強い後継者は、これを見事にやりこなしてくれたのです。

金融機関の方々とも親密な関係を築けたと感じた段階で、私は彼を子会社の専務に昇進させました。その後、社内外で彼が十分な信任を得ていることを確認して、私と社長を交代しました。

子会社の社長を数年務めてもらいながら、今度は本社で私の右腕となってもらいました。子会社の社長と本社の専務を兼務してもらったのです。本社の専務になった翌年から、経営計画策定会議の取りまとめ作業を担当させました。つまり、進行役を務めさせて、最終決定権を持たせたのです。そして、その翌年度からは、彼が最終的に責任を持つ経営計画で、当社の経営が進むようお膳立てを整えました。

この時の経営計画策定会議では、私はできるだけ発言を控えました。それは、私が密かに後継者として決めていた専務を目立たせるためです。専務が中心になって作成された経営計画がスタートした年度初めの株主総会で、私は社長を退きました。

子会社の社長として実績を残した五代目社長ですが、本社での役員経験はあまりありません。専務取締役を五か月間務めただけです。それでも、社内はもちろん、社外からも違和感を耳にすることはありませんでした。子会社の社長として十分な存在感を示していたため、久々に本社に戻ったからといって、改めて彼の人物について説明しなければならない場面もほとんどありません。そういう点でも、私が後継者を育成する上で、子会社が大いに役に立ったと言えるのです。

4　後継者には資金繰りを

多くの社長の皆さんは、資金繰りは簿記会計に堪能な経理の担当者がやるものだと思っているのではないでしょうか。そういう社長の会社では、時に経理担当者による会社の金の横領が発生し、事件となって世間の耳目を騒がせます。なぜ、そんな事件が起こるのか。横領した経理担当者が最初から悪人だったから、ということではないと思います。

言いにくいことなのですが、そういう会社の社長は、皆さん資金繰りが分からないのです。社長をはじめ全従業員が汗水流してようやく手に入れた現金、それが一人の悪意ある者によって奪い去られるのです。それに気づかないのは、ほかでもない社長が資金繰りに無関心過ぎるからです。

もっと正確に言うと、普段から、社長自身が会社の金を使いたいだけ使えれば、後は経理の担当者が資金繰りをうまくやってくれているから大丈夫だと思っているのです。いや、さらにつまびらかに言うと、「資金繰りは面倒だから、自分としてはやりたくない。そんなことより、きちんと営業をやって売上げを確保していればそれでいいんだ。ウチの経理がちゃんとやってくれている」と信じたいのです。経理の担当者を信じることによって、わずらわしい資金繰りのことを忘れることができるからです。

こういう説明をすれば、会社の金を使い放題に使う浪費家の社長が横領の被害に遭いやすそうですが、実はそうではありません。浪費家の社長は、使えるだけ使ってしまおうと考えますから、経理の担当者が出し渋ったりすると、すぐ疑念を持ちます。あるはずの金がなぜないのだ、と疑うのです。ですから、経理の担当者もうっかり会社の金に手を付けられません。むしろ、経理の担当者による横領は、コツコツと売上げを上げ、きちんと利益を確保するような真面目な社長の下で起こりやすいのです。そういう社長は、ただひたすら社業に専念し、あまり遊びもせず、外部とのつきあいもほどほどにしています。ただし、資金繰りは面倒なのでやりたいくないとして、日頃から今会社にどのくらい現金預金があるかなどについての関心が、あるようで実はないのです。そこを、悪意を持った経理の担当者に狙われます。

横領事件の起こるような会社では、表面的には、社長が経理の担当者を顎で使っているように見えます。しかし、実のところは、経理の担当者の巧みな心理操作によって、社長のほうが支配されている関係ができてしまっています。経理の担当者に、「社長、もうちょっと頑張ってください」などと言われれば、本気にしてまた営業に打ち込むのが、そういう会社の社長です。

真面目な社長の会社で起こりやすい横領事件という悲劇、それを防止するためには社長自身が資金繰りに明るくなければならないのです。さもなければ社長は浪費家になるべきです。そうすれば、経理の担当者による横領事件は防げます。しかし、そういう社長が、会社に金を残せるかどうかは保証の限りではありません。また、社長を真似て、荒っぽい金使いをする従業員が生まれることも十分あり得ます。

私は、こういうことを考えながら、後継者の育成を図ってきました。したがって当然、私の後継者には、資金繰りが分かる人以外の適任者がないのです。

5　一級建築士に資金繰りを任せる

先にも述べたように、私の後任社長は資金繰りが堪能でした。この五代目社長は、一級建築士の有資格者です。彼が若い時には、現場監督として優れた実績をたくさん残しており、公的機関から表彰されたこともあります。

建設会社の現場監督は、通常、工事ごとの原価管理に責任を持ち、利益を捻出して会社に貢献する義務を負っています。現場の原価管理に使われるのが、先にも触れた実行予算制度です。

当社の現場監督は、ある現場の担当者に指名されると、直ちに実行予算書を作成しなければなりません。作成された実行予算書は、上司との協議を経て、会社としての承認の申請がなされます。決裁を経て承認された実行予算書に基づき、現場監督は現場の進捗などと共に、予算に対する実績との差異を本社へ毎月報告します。本社では、工事部門の責任者が、各現場から上がってくる差異報告を取りまとめて、建設部門全体の収益状況を算出し、次回決算時の収益の予想を立てます。

こうした会社全体の収益管理の基本となる実行予算制度を、私は、二十歳代の終わりに自社内で確立しました。当初、県外のゼネコンのOBを招いて、当時の工事部門の責任者と共に実行予算制度全般の指導を受けました。その後は自前で、制度に改良を加え、本社の管理会計と一体化した現行のシステムに仕立て上げました。

当社の実行予算制度のひとつの特徴は、工種ごとの予算と実績との差異について、現場監督から本社へ、詳細な理由の説明を義務化している点です。それは、経営理念の第一の「人材育成」と深い関わりがあります。この差異の理由を説明した記述を見れば、担当の現場監督の力量はだいたい推測できるのです。毎月の差異報告を見ながら、直属の上司から社長までが、現場の担当者の成長ぶりや問題点をチェックできます。以下に、それを具体的に説明します。

当初の実行予算に対して実績の差異が発生する原因には、数々の要因があります。突発的な事態や設計の変更など、現場監督の技量には関係しない要因も多く発生します。それらはともかく、本社の上役が注目するのは、実際に行われた施工と現場監督の予想との差異の原因が、きちんと分析されているかどうかです。

建設工事の場合、最も頻繁に生じる差異の原因が、単価と歩掛《ぶがかり》に関する予想の間違いです。単価とは、例えば、基礎を掘ったり、型枠にコンクリートを打ち込んだりといった、各工種の㎡当たり、あるいは㎥当たりなどの価格のことです。優秀な現場監督は、主要な工種の単価を暗記しています。また、鉄筋や生コンクリートなど、相場に左右されやすい価格については、常に、最新の情報収集に努めています。

また、歩掛は、ひとつの工種に関しての材料以外にかかる労務経費のことです。ある工種を施工させるのに、どのくらいの人員や機械類が必要かを数値化して示すものです。これも、優秀な現場監督ほど広範囲に把握しています。あらゆる工種の歩掛が、会話の中でスラスラ出てくるとすれば、それは、彼が有能な現場監督であることを物語ります。

単価と歩掛が分かっていないと、予算を過小あるいは過大に計上してしまいます。しかし、人材育成の観点では、予算時点での過小か過大かのみを問題にするのではありません。あくまでも、工事の進捗中に差異を発見した時点で、その原因をきちんと追究したかどうかを重視します。

どんなに優秀な技術者でも、最初はみんな素人でした。また、単価は変動するのが常ですし、歩掛も技術革新で変わっていきます。そうしたことから、ある程度経験を積んだ現場監督でも、予想と実際が異なることはよくあることです。ただし、未熟でも有望な現場監督は、自分の予測違いの原因をきちんと追究します。ちょうど、学校で生徒に、テストの間違い直しをさせるようなものです。

予算の見込み違いの原因追究を確実に行わせることで、単価や歩掛の最新の動向や、未知の技術に関する情報を、知識として獲得できます。上司は、部下の現場監督が、知識経験において、現状どのような技術に関して不足部分があるかをチェックできます。また、業者との交渉力が高いか低いかについても、同様にチェックを行います。

それらの情報を、その時点での指導の重点にしたり、その後の仕事の与え方や人事異動の参考にして活用します。要は、当社の実行予算制度は、単なる原価管理システムではなく、現場監督の熟達度を上げる人材育成のための重要なツールなのです。

よく似たことは、資金繰りを未経験者に修得させる時にも当てはまります。あらかじめ入出金の予測を立てますが、初めはなかなか予定通りには行きません。入金の元となる売上げのほうの予定が変わるとか、出金の元となる経費を見落としてしまうとかが原因します。これだけなら、大概は短期間でコツをつかめるのですが、そこへ借入金が加わるとちょっと複雑になります。

先にも述べたように、資金ショートを恐れて多めに手元資金を持とうとすると、借入れのタイミングが早くなり、その額も多めになります。それによって、手元の現金預金が増えてしまい、過度に金利負担を増やすことになります。これを管理する能力の熟達度を上げるには、ある程度の年数を要します。そこには、入出金の予想に加えて、金利計算の能力も必要となります。

金利計算といっても、電卓が叩ければよいというものではありません。一言で言えば、金融機関との交渉力を養成していかなければならないのです。つまり、経済情勢を十分頭に入れておいて、自社の現状と交渉相手の金融機関との力関係を客観的に把握し、適切なタイミングで借入金利の交渉を行える能力を養っていくのです。これについては、別の章を設けて詳しく説明します。

ここで言いたいのは、現場監督の原価管理能力の養成と、資金繰り能力の養成が、手段として似通っているということです。ですから、現場監督に対して、特に実行予算制度を通じて原価管理能力をしっかり養成させれば、資金繰り担当能力涵養の素地となります。そして、先程から述べているように、私の言うところの資金繰りとは経営そのものですから、現場監督に原価管理をしっかりやらせておけば、将来、経営者になるための資質を磨くことにもなるのです。

世に数多ある建設会社の中には、原価管理をやらせるために、現場監督に大きな発注権限を与えている会社があります。その一方で、発注権限は本社あるいは支店に集中させ、現場監督には原価管理業務を負担させない会社があり、業界は大きく二つに分かれていると言えます。

私は、基本的に前者のシステムを良しとして、一時期を除いて、長年現場監督に発注を任せてきました。それは、言うまでもなく、現場監督を将来の社長候補として、資金繰りができるほどの人材に育成したかったからです。

しかし一時期、発注権限を現場監督から本社へ取り上げてしまったことがありました。それは、バブル崩壊後に同業者間の競争が激烈を極めた時期でした。現場監督に発注を任せておいては、原価が下がらず赤字に転落する恐れがあったためです。そこで、やむを得ず集中購買というシステムに変更して、本社で発注を一元化してしまいました。

本社で原価管理を一元的にコントロールすることで、当座の赤字転落の危機は回避できました。しかし、その間の私の危惧は決して小さくありませんでした。何を恐れていたかと言えば、それは現場監督の原価管理能力の育成が遅れてしまうことです。これは私にとって、将来の社長候補が脱落していくに等しい事態でした。

このような胸の内の危惧は、誰にも分かってもらえるものではありません。儲からないことと一緒に、このことに独り心を砕いていました。ですから、経済の先行きの見通しが少し明るくなったと感じた時には、すぐさま発注権限を本社から現場監督へと戻しました。

儲けることだけを考えると、発注は本社で一元化し、現場監督には原価管理の負担をかけないほうがよいのです。そのほうが会社としての利益確保は容易です。それが分かっていながらも、私は事業承継のことを考えて、現場監督の原価管理能力向上を優先します。

かつて私は、当社より小さい規模の同業者の社長から、ある相談を受けました。その社長の悩みは、とうに三十歳を超えている長男が経営に関心を持ってくれないということでした。長男は建築関係の大学を卒業し、地元大手の建設会社に就職して修行を積み、その後、実家の家業を手伝うために退職しました。父の会社に入社した後は、現場監督として活躍しつつ、一級建築士の資格も取得しています。

それだけ聞くと、後継者としては何の不安もないように見えるのですが、相談者の悩みは深刻でした。相談者はもうすぐ七十歳になろうとしていて、遠からず社長を交代してほしいと密かに願っていました。しかし長男は、朝から晩まで現場を走り回るばかりで、父親がやっている経営に関心を示しません。どうしたら長男に経営を任せられるのだろうかというのが、社長の相談でした。

そういう相談者に、私がまず尋ねたのは、長男が地元大手の建設会社でどのくらいの期間修行したのかということでした。聞けば、それは三年ほどとの話です。残念ながらそれでは、現場で下請業者の手配はできるようになっていても、原価管理までは習得していないはずです。普通の能力の現場監督なら、原価管理能力をきちんと身に着けるのに五年はかかります。相談者の長男は退職が早過ぎて、もう少しだった原価管理能力の習得のチャンスを逃してしまっていたのです。

そうなると相談者へのアドバイスは、「一日でも早く、社長が自ら行っている原価管理と発注業務を長男に任せなさい」と言うほかありません。それを聞いた相談者は、複雑な表情をしました。原価管理と発注業務を長男に任せてしまうと、いっぺんにほとんどの権限を与えてしまうことになり、それでは困ると思ったのでしょう。

相談者が困ると思う理由はだいたい分かります。ひとつは、自分が好きなように使ってきた会社の金を、長男に遠慮して使わなくてはならなくなるからです。もうひとつは、下請業者や金融機関から「社長、社長」とたてまつられて、地元の名士になっていたのに、業者が長男のほうへなびいてしまうことに怖れを感じたからです。

相談者にも、長男に資金繰りを任せなければならない時はいずれやってきます。相談された時の状態では、長男は、資金繰りなど面倒臭そうだからと、父親のそばに近寄ってこなかったのではないでしょうか。仮に彼が、原価管理をすでに習得していたとしたら、会社の金の使われ方に関心を持たないはずがありません。

例えば、相談者の長男が会社の金の流れに通じていれば、「自分が現場で苦労して儲けているのに、父親から貰える給料はこれだけか」といった不満が出るかもしれません。そしても し、そういう考えを持つようになったとすると、長男は父親の権限を奪って自ら経営を行おうとすることも考えられるでしょう。

それでも私は、個人的には、社長が後継者の遅々とした成長に悩むよりは、後継者が社長の権力を奪い取るほどの活力を持っていたほうがよいと考えます。そのほうが、事業承継の良い面が発揮されやすいし、ひいては会社の成長につながる可能性が大きいからです。

さて、ここまで実行予算制度による原価管理と後継者育成について述べてきました。この項の終わりに、資金繰りができるように私が育てたもう一人の一級建築士のことを紹介します。彼も、私の跡を継いでくれた五代目の社長と同様に、若い頃は現場監督として活躍し、やはり公的機関から表彰された経験を持っています。もちろん、工事現場の原価管理は二十歳代できちんとマスターしていました。

私は、現場監督として格別に優秀だった彼を、国際標準規格であるＩＳＯの認証取得プロジェクトの事務局長に抜擢しました。それまでは、現場監督の経験しかない四十歳代前半の彼に、会社の業務全般の見直しをさせる大役を任せることにしたのです。

このプロジェクトの事務局長に課せられた任務は、社内の各部門ごとにバラバラだった業務の流れや書類の様式を統一するという大仕事でした。彼が職務を遂行するには、全部門の管理職である、五十歳代と四十歳代後半の年長者との調整をやりこなさなければなりません。

彼は、その難しい仕事をやり遂げて、ＩＳＯの認証取得に成功しました。同時に、結果として彼は、社内の各部門に対して、新しい業務のルールに従わせることをやってのけたのです。つまり彼は、業務全般についての社内随一の精通者となったのです。

その成果を全社的に認められた彼には、その後、いくつかの部門長を経験させました。その上で、四十歳代後半で取締役総務部長に異動させたのです。再度の抜擢となるこの異動の一番の目的は、彼に資金繰りを担当させることでした。

総務部長として資金繰りに取り組ませ、金融機関との交渉にも成果を上げさせました。もともと一級建築士という根っからの技術者に、資金繰りという会社の内外からあまり見えにくい業務に就かせること自体には、異論があると思います。

優秀な技術者には、目立つ会社の看板仕事を任せて、大いに儲けてもらうべきだという考え方もあるでしょう。または、技術職の多い会社ですから、技術部門の取りまとめ役、例えば工事部長などの役職に就かせるのが順当な考え方でしょう。しかし、私はそういう考え方はしませんでした。彼は、いわば会社のエースです。エースには資金繰りをやらせるべきだというのが、私の考え方です。

中小企業の従業員のエースには、資金繰りを担当させるべきです。エースピッチャーを四番打者にするようなものです。こうした私流の考え方の元には、将来の社長候補には資金繰りが分かる人を当てなければならないとの信念があります。これは、これまで何度も述べてきたことです。ですから私は、一級建築士の取締役総務部長を、有力な社長候補と位置付けていました。

私の跡を継いでくれた五代目社長は、自身が最初に行った役員人事で、彼を総務部長のまま常務に昇進させました。その後、専務に上げて経営全般を統括させた上で、自らの後任社長にも選びました。そうです。彼は、当社の六代目社長になったのです。

6 高い株価が経営者を苦しめる

一般的な中小企業向けの事業承継に関する本は、「事業承継＝自社株対策」という考え方を基本に書かれています。それとは対極にあるとも言えるのが、この本で提唱している「事業承継＝個人保証の引き継ぎ」という考え方です。対極と言っても、「事業承継＝自社株対策」が間違っているなどと言うつもりはありません。私も、事業承継に備えて自社株の株価対策や税金対策を行っておくことは、体験的に非常に大切だと思っています。

私が、父の所有していた自社株を一人で相続して取得したため、会社から貰った父の死亡退職金がなくなったことは先に述べました。株価対策をしておかないと、とんでもない額の税金を支払うことになることを、誰よりもよく知っています。ですから、社長として自社株を所有するということと、社長を引退したら所有していた自社株をどうするかについては、私なりに深く考えてきました。ここでは、このことについて詳しく説明します。

社長となる後継者は、会社の支配権（言い換えれば最終決定権）を持つために、少なくとも過半数の株式を所有する必要がある、というのが一般的な認識です。そして、そういう常識が、「事業承継＝自社株対策」であるという考え方の根本にあります。

しかし私は、こういう常識に疑いを持ってきました。それによって、これまで説明してきた

「事業承継＝個人保証の引き継ぎ」という考えに行きついたのです。そこでなぜ、「事業承継＝自社株対策」という考え方に疑いを持つ必要があったのかということから説明を始めます。

まずは、私がインタビュー調査した二人の社長について、彼らが自社株にどう向き合ったかを紹介します。それぞれの社長が、社長である以上は自社株をできるだけ多く所有する必要があると考えた結果、どうなったかを知っていただきたいのです。

M氏（五十八歳）は、兵庫県尼崎市内の建材商社に中途入社し、すぐに頭角を現わしナンバー２の地位に昇りつめましたが、将来は独立することにしていました。オーナー企業である当社では、実質的な社長にはなれないと思っていたからです。

そうした思いに反して、前社長から病気療養中に承継を懇願され、受諾することになりました。しかし、それを実行せぬままに前社長は亡くなってしまいました。直後に、前社長の相続人や従業員から後継者になるよう支持されたので、M氏は社長就任を前向きに考えました。その時の決断の決め手は、メインバンクからの要請であったと言います。

「病床の前社長から、株と退職金も含めて三億でこの会社を買い取ってくれと言われました。前社長は銀行も買取資金を貸してくれるだろうというのです。買い取って経営するのなら創業者的な感覚でやれるだろうと思い、それを快諾しました。ところが、すぐに前社長が亡くなったのです。その後、前社長の未亡人からの要求がエスカレートして、最終的には四億四千万～五千万円ぐらい支払いました。株の買い取りでものすごい苦労をしたんです。もともとは、前社長の未亡人に連帯保証人になっていただいて、私は経営専門でという気持ちを持っていました。しかし、未亡人を排除するには全部の株を買わなければならないと思い直しました」（M氏）

前社長の遺言に忠実であろうとしたM氏ですが、思いがけず未亡人に行く手をさえぎられました。役員に就任した未亡人は、自身への高額な給与と前社長の退職金の増額を要求してきたのです。

「私が株を買い取る前ですが、前社長の未亡人が、給料は私より多く取っているのに、連帯保証人には私になれという。それはおかしいということで、銀行に聞きに行きました。すると銀行は、できれば私に保証人になってほしいというのです。そこから、株の買い取りの話を進めるようになりました」（M氏）

やむなくM氏は、これ以上の無謀な要求を退けるため、未亡人が相続した株をすべて買い取ることにしました。自宅ぐらいしかめぼしい資産のないM氏が、取引銀行から連帯保証人になるよう指名されたからです。M氏が、未亡人から株を買い取る決心をしたのは、自分が個人保証をする覚悟を決めたことがもとでした。しかし、そのために要した資金の返済には大変な苦労があったと言います。

「本当に夜も寝られないぐらい、また鬱《うつ》になるぐらい悩んだのは、やっぱり株のことでした。株の問題さえなかったら、次の後継者はしっかり経営に没頭することができると思います。そうなれば、自分から当然に個人保証もするでしょう」（M氏）

前社長の株を相続した未亡人に経営を妨害されたM氏は、未亡人から株を買い取る以外に方法はないと考えました。このことはM氏に、最終決定権を握るためには株式所有割合が重大であることを確信させました。

ところが、買い取り資金のほとんどは借入金で賄い、長期間かけて支払っていくしかなかったのです。そして、返済資金を確保するために、自分の給与を高額にせざるを得ませんでした。当然に、M氏の高額な給与は、会社の収益を圧迫することになりました。

名実ともに自分が所有するようになった会社を継がせるべく、M氏は長男を入社させます。しかし、その後、父の思いに反して長男は会社を出て行ってしまいました。高額の出費で獲得した自社株の今後について、M氏の考えは取材時点ではまとまっていませんでした。

もう一人は、印刷会社の社長T氏（五十八歳）です。もともとT氏は、札幌市内の中堅印刷会社の優秀な営業マンでした。まだ二十歳代の時、規模の小さい同業者の創業オーナーからスカウトされました。そして、四十歳代半ばで創業者の前社長に見込まれ後継者となりました。社長就任後十年間は、創業オーナーである会長が積極的に経営に口出ししていました。当初、T氏には経営の経験がなかったので、指南役としての会長に従順でした。しかし、あることから会長に反発するようになりました。それは承継後八年目に計画した、会社始まって以来の大きな設備投資案件のことです。

会長はその設備投資に反対していましたが、それを押し切るべくT氏は右腕の専務と協力して会長の説得にあたりました。その説得が成功して会長は折れ、二年後に会長は取締役を退任しました。退任時に会長が後継者に求めたのは、当時のT氏にとっては意外なことでした。

「創業者から会社を辞めると言われた時に、私のほうから、少し株を持ってもらって、代表取締役のままにしますかと言いました。しかし、創業者は、いや要らない、相談役でいい、ただ連帯保証人にはなりたくないと言われました。やはり自分の子供や孫を思うと、連帯保証人でいて何かあった時のことを考えるのですね」（T氏）

大株主である会長が、取締役在任中に、後継者の経営に口出しするのは当然です。会長は、取締役退任に当たり、給与などの待遇より何より、自分の個人保証契約の解除を優先して希望しています。後継者の経営に口出ししない代わりに、それまで会長の役割だった連帯保証人を降りることを選択しているのです。

T氏は、退任する際の会長から、会長が保有する全株式の買い取りも求められました。それはT氏にとっては急なことでしたが、親の資産や妻の実家の資金を当て込んで切り抜けました。

「創業者が私を後継者にしたのは、私の親に資産があることを知っていたからだと思います。実家は農家をやっていましたので、父は土地を持っています。そこに抵当権を設定して銀行から借りました。それでも足りないので、妻の実家から三千万円ほど借りました。妻の実家が事業をしていたのですが、そのための土地を全部売ったお金がたまたまあったのです」（T氏）

最初から株式所有にこだわったわけではない前出のM氏とは違い、T氏は、社長であれば五割は必要であると思い、会長の申し出をすぐさま受け入れました。そして、会長所有の全株を購入します。その際に、親の資産を使わせてもらうことが必要だったのです。

その後、株を所有していた他の役員が退職するたびに、自分一人で彼らの株を引き受けて購入していきました。しかし、一〇〇％を所有するに至って大きな疑問が生じたと言います。

「問題は、今ウチの株を誰が買ってくれるのかということです。買ってくれる人がウチの社員にはいないと思うのです」（T氏）

全株所有するに至ったT氏が直面している問題は、後継者が容易に見つからないため、自分が社長を退任する計画が立てられないということです。自分は、自社株を買わなければならないという思いで買ったけれど、同じような思いを持つ人がいそうにないと考えているのです。

つまり、少なくとも社内には、T氏と同じような資金調達ができる後継者候補がいないのです。こうした現実は、T氏の将来を暗くしています。自分の引退は、会長のようにはうまく行かないのではないかという心配が徐々に深刻化しているのです。仕方なくT氏は、親族への承継を想定せざるを得ず、そのための相続税対策として、生命保険に何本も加入しています。

7 株価の評価は上げない

前の項の二つの事例と似たような経験を、私は、父の相続時以外で、もう一度しています。

それは、創業者である先代社長が、取締役を退任後に、自分の所有する自社株を私に購入するよう求めてきた時のことです。

その時点で、創業者の親族は社内に一人もいませんでした。ですから、当時八十歳に近かった創業者の相続のことを考えると、私が買うしかないと考えたのです。

そこで、税理士に株価を算定してもらうと、父の亡くなった時よりは、はるかに相続税評価が上がっていました。その評価額のままでは、創業者所有の全株を一度に買い取ることはできません。そこで、とりあえず初年度として購入できる金額、すなわち、その時点で私が用立てられる金額を決めてから、分割で購入する案を作りました。

それ以外に、もうひとつ大事なことがありました。それは、評価額が高額であるとはいえ、評価額のままの価格で売買してしまうと、その価格が当社の自社株の売買事例となって、その後の売買に影響を与えてしまうことです。一度高い値段で売買すると、次もその実績からあまり離れた価格がつけにくくなるのです。

そこで、この時の買い取り価格をなるべく低く抑えることにしました。ただし、評価額よりも著しく低い価格は、税務署から価格が低すぎる取引（低廉譲渡）と見なされます。つまり、低すぎると査定された金額に対して贈与税が課せられてしまうのです。

このことについて創業者の理解を得るのには苦労をしました。誰が考えても、私が払える金額が決まっているなら、それをすべて創業者に支払ってあげるのが当たり前だからです。しかし私は、その時は、売買価格を低く抑えることにこだわりました。

それは、従業員持ち株会についての説明に関係しています。私は、従業員持ち株会を作ったはいいが、自社株を従業員に買ってもらうのは容易でないことを思い知らされていました。ですから、従業員に買ってもらう株価は高くはできません。

つまり、安くても買ってもらえない株を高くしか売れない株にしてしまったら、せっかく作った従業員持ち株会に買い手が現われなくなります。そうなると従業員持ち株会は、存在意義を失います。

こうした事情を創業者に説明したのです。加えて、父からの相続の時に、私が多額の相続税を負担していたことも改めて説明しました。いわば私は、創業者の懇願に従い、会社のために多額の税金を負担してきたことを訴えたのです。

その時は、たまたま創業者側に資金が必要な事情があったので、渋々ながらも低い売買価格を受け入れてもらえました。そして私は、翌年この時の売買に対する贈与税として数百万円を個人で納税したのです。なぜなら私が、税法上の同族株主と見なされていたからです。

この時のことは、創業者にとても気の毒なことをしたと、後ろめたく思い出されます。また同時に、支払った贈与税について、今でももったいなかったと思います。実際には、創業者の株を私が買い取ることは、この一回でやめてしまいました。こんなことを毎年繰り返すことが、いかにも愚かに感じられたからです。

そこで次の年には、創業者所有の残りの株を、当時の数名の役員と従業員持ち株会とで手分けして引き取ってもらったのです。その時、購入してくれた役員は、いずれも税法上の同族株主ではありませんでした。したがって、低い価格で売買しても、税務署から低廉譲渡だとの指摘を受ける恐れがなかったのです。

創業者の依頼によって株を買い増しした私は、単独の同族株主となりました。実質的に、私が当社の最大の株主となったのです。しかし、このことが私にもたらしたのは、経営の支配権が安定したという安心感ではありません。むしろ、自分の持ち株すべてを譲渡する場合のことを考えて、憂鬱にならざるを得ませんでした。

それは、先程紹介した札幌市の印刷会社社長T氏と同じ悩みです。つまり、私の持ち株をすべて引き受けてくれる人がいるだろうかという問題です。

創業者の引退に当たっては、私が意欲を持って対応したので何とかなりました。しかし、自分にその時が来ても、株を引き受けてくれる人が現われる保証はどこにもありません。やはり、税法上、同族株主であるとの評価を受ける株は、事前にしっかり対策をして受け皿を作っておくしかないと考えました。

私は、贈与税を支払ったのは授業料だと割り切りました。もうこれ以上、高い株価に悩まされることとは決別することに決めたのです。そして、自分の所有する自社株の株価をひたすら引き下げる方向に舵を切りました。つまり、社長でありながら、筆頭株主であることや同族株主であることへのこだわりを一切捨て去ったのです。

そう考えるようになったのは、この頃から、社長であることの裏付けが、持ち株割合よりも、個人保証をしていることだと信じられるようになっていたからです。

私の場合、持っている株は、売って儲けるためのものじゃない。それなら、いずれ誰かに譲り渡すためには、できる限り評価額を小さくしておくべきだ。そうしたほうが、いつでも適切な時を選んで優秀な後継者にバトンタッチできる余裕が持てると考え始めていたのです。

そう考えた私が着手したのは、増資です。この時点では、まだ社外の株主がいたので無償増資はできません。第三者割当で増資を行いました。引き受けてもらったのは、私以外の現職の役員と従業員持ち株会です。何回かの増資の結果、私の持ち株割合は相対的に低下していきました。

そして、ついに当社は税法上の同族企業ではなくなりました。つまり、私は税法上の同族株主としての評価を受けることがなくなったのです。しかも、誰かが一五％以上の持ち株比率にならない限り、誰も同族株主として扱われることはありません。

このような持ち株比率になったことについて、一番大きな貢献をしてくれたのが従業員持ち株会です。バブル崩壊後、当社の業績は下降しましたが、経営理念や経営計画の社内への浸透は年々順調に進みました。そして、定期預金の金利が低下して魅力のないレベルに至ったことにも助けられました。当社では、一割配当を一貫して継続していたのです。

つまり、従業員の経営参加意識と低金利のおかげで、従業員の株に対する購買意欲が増していったのです。その結果、従業員持ち株会の持ち株比率はどんどん上昇していき、とうとう五〇％を超えたのです。

私は、従業員持ち株会に、総発行株数の過半数の株を所有させるかどうかについて、そうなる前に十分検討していました。その検討の結果は、会社のその後のあり方と同時に、私の経営者としての基本姿勢を決定づける非常に重要な決断でした。特に、次に挙げる二点については、税理士などの専門家の見解も十二分に考慮しつつ、自分一人で方針を決めました。

まずは、株主総会における議決権に関する問題です。当社では、従業員持ち株会を設立する時から、役員と全従業員が参加する株主総会を開催しています。もちろん、社外の株主の方にも開催通知を出して案内していることは言うまでもありません。

従業員持ち株会が五〇％近くの持ち株割合になった時点で、私は、私以外の役員が従業員持ち株会と一致して、代表取締役社長の私を罷免することができることを知っていました。それを私にとって危険なことと見るか、はたまたむしろ良いことだと見るか、私は冷静に考えました。

確かに、私の経営を否定する勢力が社内に生まれれば、私は株主総会の決議によって会社を追い出されるかもしれません。しかしそれが、日常の私の経営に緊張感をもたらしてくれるとするなら、むしろメリットと考えることができます。良薬は口に苦し、です。

それと同時に、いやそれ以上に、私が追い出される可能性は極めて少ないと考えていました。私の経営がダメなら、誰でもいいからもっと良い経営をしてくれる人が現われることが、会社のためです。しかし、それには条件があるのです。そうです、個人保証です。

この会社で、私に代わって社長になる人には連帯保証人になってもらわなければなりません。当社は、堅実だけれど地味とも言える「無借金経営」から訣別していました。むしろ借入金をしっかり活用しながら、人材育成を第一にして経営を行う会社になっていました。ですから、個人保証が嫌だという人は、社長になれないのです。どんなに早くても、後継者育成に成功して、個人保証を引き受ける人が現われるまでは、私が会社を追い出されることはないと確信しました。

従業員持ち株会が過半数に至る前に、私が、もうひとつ慎重を期して考えたことがあります。それは、従業員持ち株会が成長することで、株主数が再び増加することです。やっとの思いで社外の株主から株を回収できたので、株主数が一旦は減少しました。株主数が少ないことは、株主に対して注ぐべき労力が減少することですから、そういう面の経営は楽になります。

しかし、社内の従業員とはいえ、小口の株主が大幅に増加していくことで、単なる事務的な負担の増加以上に気になることが増えます。それは、従業員の株主が退職しても株を売ってくれない場合のことです。

もちろん、当社の定款には、株式譲渡制限の規定が盛り込まれていますので、取締役会の承認を経なければ売買は成立しません。また、従業員持ち株会の規約には、従業員持ち株会の会員である従業員が退職すると、それをもって会員資格を失い株主ではなくなることになっています。しかし、これはあくまでも内規であり、退職する従業員がこれを不服として訴えれば、こちらとしては法的に対抗するほかありません。

要するに、従業員の退職を想定すれば、従業員が株主であることによる会社にとっての訴訟リスクは常に存在するのです。そのリスクは当然、従業員の株主数が多くなればなるほど高くなります。

また、退職時のリスクだけを考えれば、役員にしても同様のリスクを想定せねばなりません。社長が選んだ役員とはいえ、処遇に対する不満が残れば、退職時にスムーズに株を売却してくれる保証はないのです。

私は、こうした役員や従業員の退職時のリスクを深く考えました。かといって、熱心に私を支えてくれていた役員や従業員に対して疑心暗鬼になったというわけではありません。それでも、どうしても若い日に、関連会社の元役員から株を回収した時の苦労を思い出してしまうのです。また、社外の株主に平身低頭して株を売ってもらった時のことも忘れられません。

過去のこうした経験を振り返りながら、私はひとつの結論を出しました。従業員持ち株会が過半数を超える持ち株割合になっても構わないとの覚悟を決めたのです。

その意味は、私が社長として経営の全責任を負っている間は、役員や従業員が退職する時に、株を返したくないと思われるほどの不満を残させてはならない。できるだけ円満な退職をしてもらうように努めるのだ、ということです。

そして、私の後から社長になった人が、役員や従業員の退職時に、株のことで問題を抱えることになっても、何とかなるものだと考えました。それは私が、二十歳代でもできたことだからです。会社に反発して株を返してくれない株主に対しては、何度も何度も足を運んでお願いし、誠意をもってひたすら頭を下げ続けるのです。そうして諦めさえしなければ、いつかはこちらの気持ちを理解してくれることがあるでしょう。

かつて自社株の問題に取り組んだ経験は、私にとっては非常に貴重な勉強でした。あの経験が、会社とは何か、株主とはどういう存在なのかを明確に理解させてくれました。もし、私の後継者たちが株の問題に悩むことがあっても、それはそれで経営者の経験として決して無駄になることはないと、私なら言い切れるのです。

株の問題がこじれたからといって、会社がすぐにつぶれることはありません。世の中には、その方面の専門家である税理士や弁護士が山ほどいますから、有能な先生に相談すればどうにかなるでしょう。

それよりも、会社の個人保証を継いでくれる人が一人もいないという事態のほうが会社にとってはより深刻な危機です。これだけは、どんな大先生に頼んでも、適任者を連れてきてくれることがないのです。社長が会社を売らないで辞めたい時には、自分で自分の代わりとなる連帯保証人を作るほかありません。株の問題は、そうした個人保証の引き継ぎに比べれば、会社にとってそれほど大きな問題ではないのです。

第五章

危機的状況の後継者確保

前の二章にわたって、私個人の事業承継での体験をお伝えしました。ここでは、今日、日本の中小企業で後継者を確保することがいかに難しいかを説明します。そのために、事業承継がどのような状況になっているのかを整理しましょう。個々の企業の直面する事業承継問題が、そのまま日本全体の中小企業の後継者問題となっています。日本全体の中小企業の現状を知ることで、事態の深刻さがよりよく分かると思います。

1 中小企業の事業承継の現状

まず、日本の中小企業の事業承継がどうなっているかを知る上で、中小企業の数の推移を見ましょう（**図表3**）。中小企業の数は、年々減少の一途をたどっています。近年では、中規模企業と大企業の数の合計が増加傾向にあるのとは対照的です。二〇〇九年から二〇一四年の五年間をとってみると、中小企業が三十九万社も減少しています。

こうした企業数減少の理由のひとつとして考えられるのが、企業の休廃業・解散です（**図表4**）。企業の倒産は、リーマンショックのために一時増加しましたが、その後は減少傾向で推移しています。それとは逆に増加傾向を示しているのが、休廃業・解散です。企業の休廃業・解散が増えていることが、中小企業減少の主な要因として考えられます。

休廃業・解散に至った企業は、いわば事業承継ができなかった企業です。では、なぜ休廃業・解散した企業では、事業承継ができなかったのでしょう。そのカギを握るのは、後継者の存在です（**図表5**）。帝国データバンクが二〇一五年に発表した調査によると、休廃業・解散した企業のうちで、後継者がいなかったり、未定であったりした企業が全体の七六・七％を占めていました。企業

図表３　減少を続ける中小企業

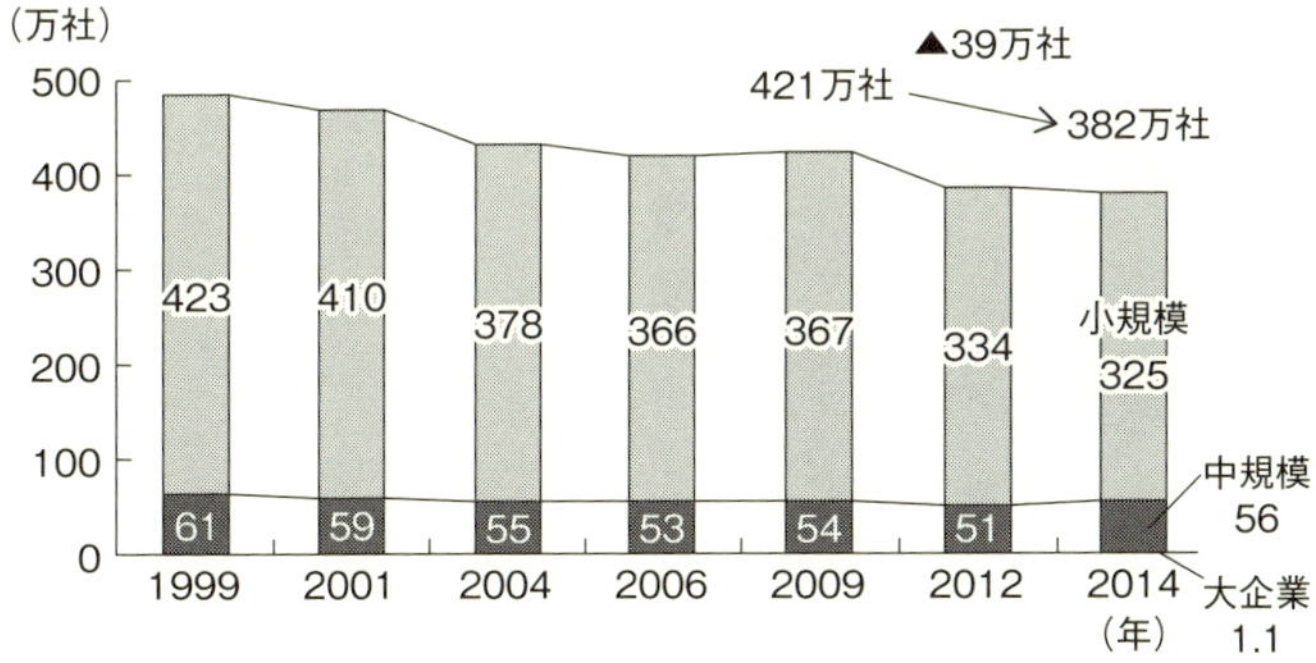

出典：中小企業白書［2017］

図表４　休廃業・解散は増加傾向

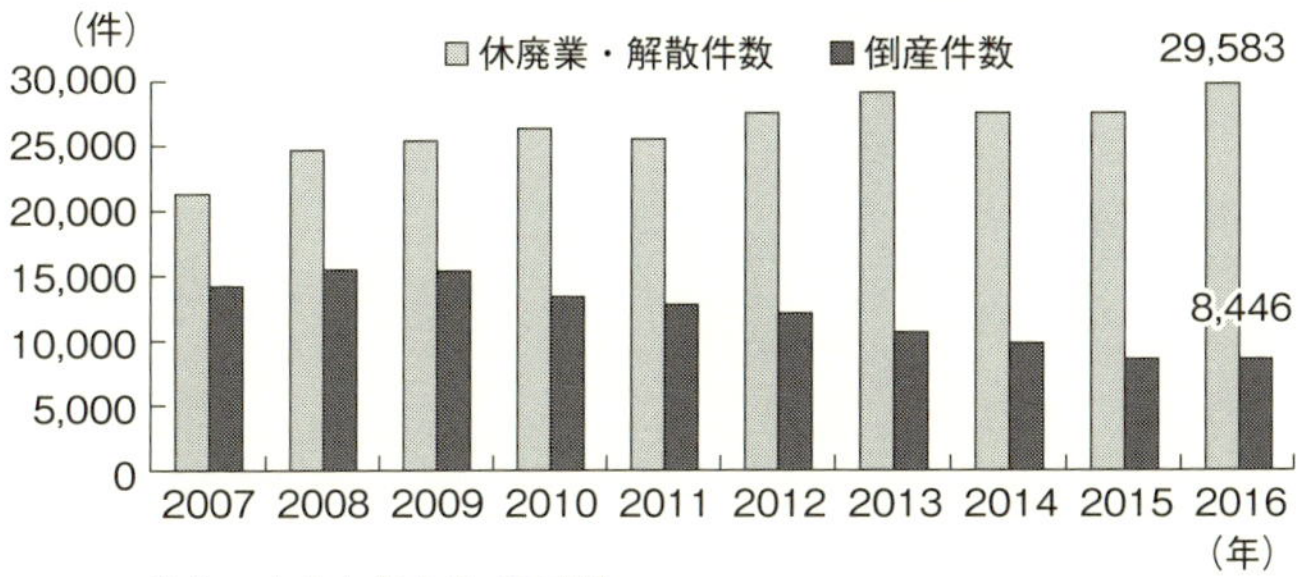

出典：中小企業白書［2017］

の休廃業・解散と後継者の不在とが強く関係しているものと見るべきでしょう。
それでは、休廃業・解散した企業ではなく、事業を継続中の企業において後継者の不在状況はどうなっているでしょうか（**図表6**）。帝国データバンクの二〇一六年の調査によると、中小企業全体では三分の二の企業で後継者がいません。社長が六十歳以上の企業で見ると、五〇・四％と過半数の企業で後継者が不在です。さらに、七十歳代以上では四四％、八十歳代以上でも三五％に上ります。高齢の社長の企業においても、これほどまでに後継者不在の割合が高いのです。

後継者の不在によって、当然のごとく社長交代が行われにくくなっています（**図表7**）。社長交代率、つまり一年の間に社長の交代があった企業の比率が、近年特に低水準にとど

図表５　休廃業・解散した企業の後継者

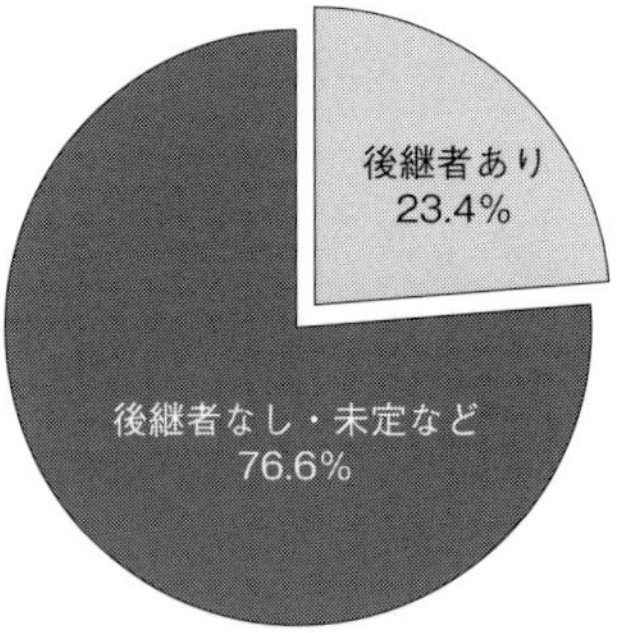

出典：帝国データバンク［2015］

図表６　60歳以上の企業（事業継続中）での後継者決定状況

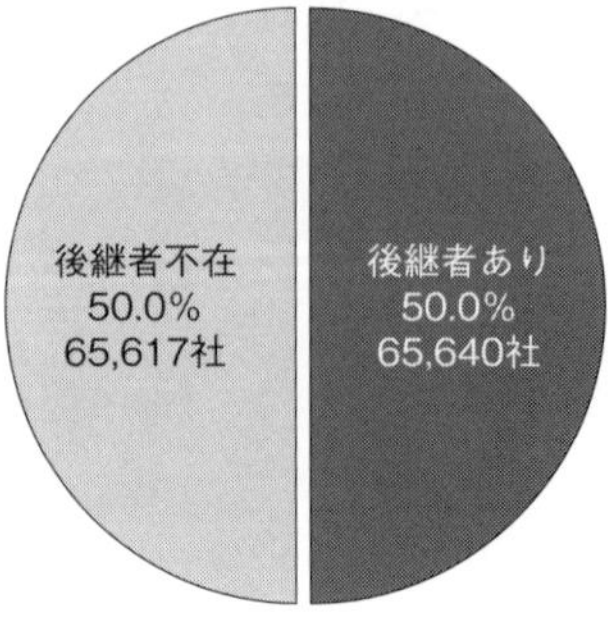

出典：帝国データバンク［2016］

まっています。そのために、社長の平均年齢は年々上昇し六十歳に届こうとしています。これらのことから日本の中小企業では、後継者が確保できないことにより社長の交代が行われにくくなっており、そのために社長の高齢化が年々進行していると言えるのです。

ここまで説明したことをまとめると、次のようになります。

① 日本の中小企業の数は長期的に減少している。
② その主要な原因のひとつとして休廃業・解散する企業の増加がある。
③ 休廃業・解散した企業の四分の三以上で後継者が不在だった。
④ 社長が六十歳以上の事業継続中の企業でも後継者不在率が高い。
⑤ 後継者不在は社長の交代率を低迷させ、社長の平均年齢を押し上げている可能性が高い。

図表7　社長の平均年齢と交代率の推移

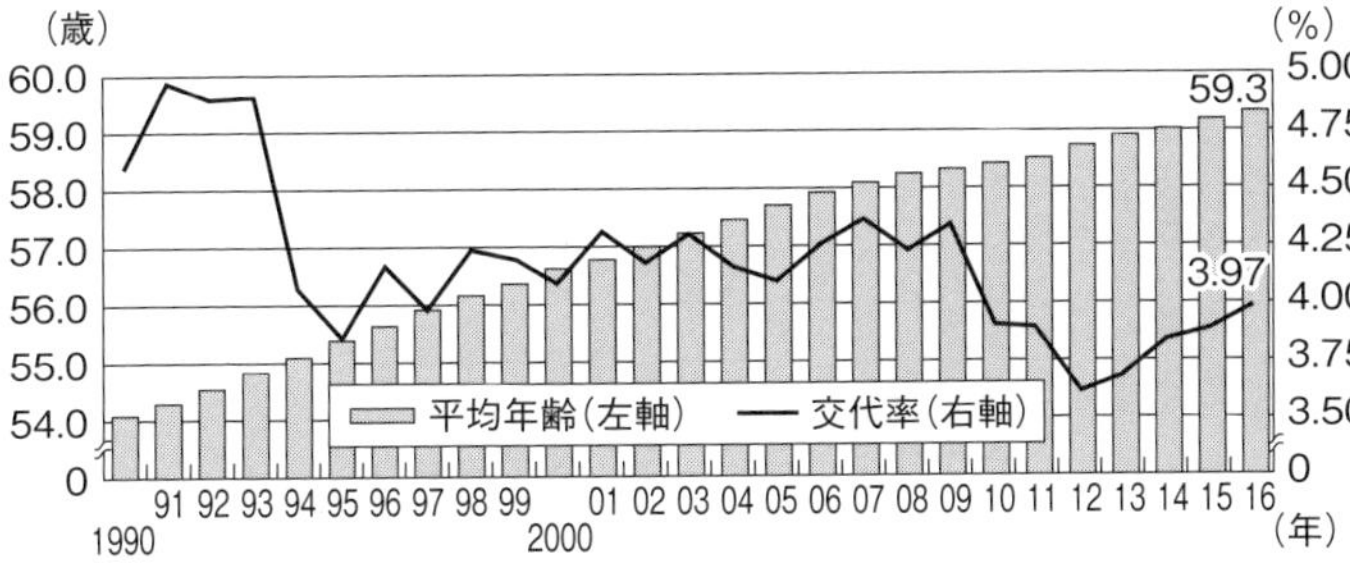

出典：帝国データバンク［2017］

2 先行する欧米の後継者確保対策

後継者の不在は、親族承継の減少に最も如実に現われています（図表8）。一九八〇年代までは、八割から九割が子供かそのほかの親族が後継者となっていました。しかし、一九九〇年代から徐々に親族承継の減少に拍車がかかりだしました。ついに二〇〇七年からは、親族以外の後継者のほうが親族の後継者よりも多くなり、その傾向が続いているのです。

こうした従業員や第三者への承継である非親族承継の増加は、日本だけの特殊な現象ではありません。欧米では、日本より早くから親族承継の減少が顕著でした。そのため、例えばEUでは、その政策執行機関である欧州委員会において、親族承継の減少を指摘しつつ非親族承継へ注目を集めようとしました。それが、二〇〇三年のことです。

この時点で、イギリス、フランス、ドイツ、イタリアなどのEUの主要国では、非親族承継のほうが親族承継より多くなっていました。また、その他のヨーロッパ諸国でも非親族承継が一般的になっていました。

それでも、あえて欧州委員会は、EU加盟各国に非親族承継を促進する政策の創設を求めたのです。それは、ひとえに事業承継の減少による域内の中小企業の減少に危機感を強めたからです。日本同様に少子化が定着したヨーロッパでは、日本よりも十年以上早く親族承継を増やすことを諦めたのです。

一方、アメリカでも親族承継の減少は早くから始まっていたようです。アメリカの場合、ヨーロッパのように親族承継の減少に伴って非親族承継が増えていったという事情とは異なります。アメリカの経営者にとっては、会社を継ぐ人が親族かそうではない第三者かというようなことよりも、もっと関心が高いことがあります。

それは、経営者の引退後の生活のことです。多くのアメリカの経営者にとって何より重要なのは、引退後に健康と富を手にしていることです。経営者のまま健康を害したりしては、本当に楽しむべき引退後の生活が台無しです。まして、経営者のまま死んでしまうなんて、全く人生を無駄にしてしまったことになるのです。

そして健康であれば、引退後に好きなことを自由にできる資産を確保することに関心が注がれます。自分の会社は、そのための元手となるものです。引退したいと思った時に、期

図表８　非親族承継の増加

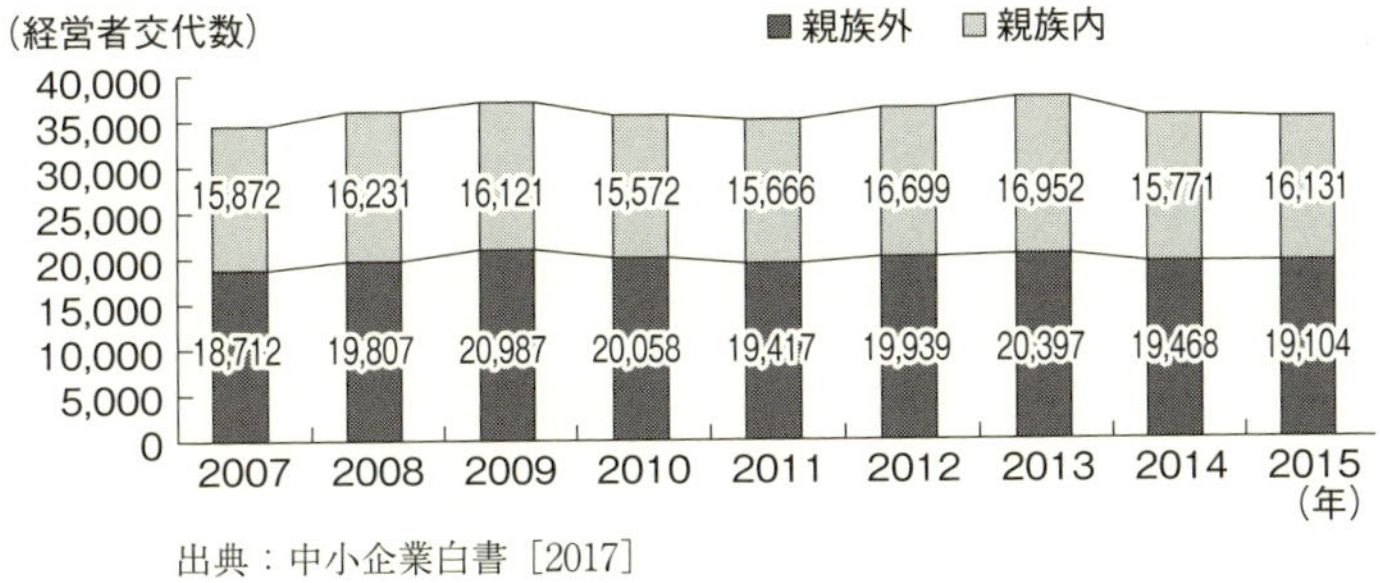

出典：中小企業白書［2017］

待通りの価格で売れることがベストなのです。

アメリカの経営者にとっては、引退のための周到な計画の作成が重要であることが広く知られています。これが、経営者の出口戦略と呼ばれるものです。経営者は、自分の会社へ投資した資金と労力を引退時点で回収して、その後の新たな生活に備えるべきだというのが出口戦略の基本的な考え方です。

アメリカでは、経営者の出口戦略の立案を支援するコンサルタントが多数活躍しています。彼らは、企業の売買を手段として、経営者に引退後の必要資金の確保を指南しています。要は、経営者が望ましい引退を成し遂げるのには、うまく企業が売れることが不可欠になっているのです。そこで、コンサルタントの彼らは、企業売買の仲介機関と連携して、経営者にとって最善となる企業売却の実現を手伝います。

ここで、日本と最も異なっているのが企業売買を取り巻く環境です。後でも述べますが、日本ではM&AやMBOと呼ばれるような企業の売買に関する環境がまだまだ整っているとは言えません。その点、アメリカは企業の売買が世界で最も活発な国です。長年にわたって膨大な数の企業売買が行われているのですが、その結果、売買のルートが非常に多様に発達しています。日本と比べると、驚くほど簡便に企業の売買ができるようになっているのです。

アメリカの経営者の出口は六つあります。まずは、IPO（新規上場）とM&A（売却）で

す。これら二つの出口は、経営者が多額のキャピタルゲインを得られることで知られていま
す。ただし、いずれの出口も、誰もが可能というわけではない狭き門であることは、日本と同
様です。

加えて三つ目の出口として従業員への売却であるＭＢＯがあります。ＭＢＯでも、買い手の
従業員が買い取り資金の調達に成功すれば、売却側の経営者は大きな資金を手にすることがで
きます。これらＩＰＯ、Ｍ＆Ａ、ＭＢＯの三つの出口に向けて、アメリカの経営者の企業家精
神が発揮されているのです。

四つ目の出口は、Ｍ＆Ａよりも小規模な個別企業の売却です。アメリカでは、個人事業を含
む多くの中小企業が売買対象となっています。全米では、何千人ものビジネスブローカーと呼
ばれる企業売買の仲介者が存在します。彼らが、クリーニング、印刷、酒類販売など、あらゆ
る業種で企業売買の仲介を行っています。

ちなみに、ビジネスブローカーが仲介する企業売買の平均的な取引額は一件当たり約
二十五万ドルで（ただしこれには在庫と不動産が含まれない）、経営者はその売却代金を手に
して企業を去ります。ビジネスブローカーへの手数料は一〇～一二％で、小さな企業であれば
最小で一～一・五万ドルの仲介費用がかかります。

小規模企業の売却は、ビジネスブローカーなどの仲介者がいなくても成立します。アメリカ

では、新聞、雑誌、インターネット上で企業売却の広告が当たり前のように掲載されています。企業売却に対する心理的なハードルが非常に低いので、小さな企業の経営者も企業を売却するチャンスを積極的に生かそうとするようです。

五つ目の出口は、企業の清算です。事業承継を諦めた経営者が会社を廃業するのです。ただし、アメリカの廃業した経営者のうち三分の一は、資産超過で会社を清算しているので、この場合の経営者は出口戦略に成功したものと言えます。つまり、会社が売れなくても、廃業する経営者の三分の一は思い通りの引退生活が送れているらしいのです。

この点、日本の廃業した経営者のほとんどは、債務超過に陥っている可能性が高いだろうと言われています。したがって、同じ廃業した経営者でも、日本ではアメリカの場合ほど安泰な引退生活を送れていないだろうと推測されます。

アメリカの経営者の六つの出口の六番目は親族承継です。これまで、経営者が引退生活を充実させるために、健康がまだ十分に残っている時に、不足のない資金を手に入れる方法が五つあることを説明しました。ただし、その中には、資産超過での清算も含みます。経営者が満足な引退生活を送るための資金を獲得するためのルートが、これだけ多様にあるのならば、親族承継にこだわる必要はないのかもしれません。

どうしてもオーナー一族の経営を維持したいという強い親族承継へのこだわりがなければ、

企業の売却を選択しない理由が見当たらないのではないでしょうか。普通の収益の企業であれば、社長が親族にバトンタッチしたからといって、多くのアメリカの経営者が描くハッピーリタイアが必ず実現できるとは限りません。社長を譲っても会社に残れば、後継者への遠慮もあるでしょうし、会社の収益状況を気にし続けなければなりません。

社長を降りた人のこうした心情は日本人としても理解できます。しかし現実には、アメリカの経営者は、親族承継も売買の一ケースと捉えているのではないかとも考えられます。つまり、自分の企業の売却先に子供などの親族を選ぶという考え方です。こう考えると、親族は引退する経営者にとって売却先候補のひとつということになります。

このような見方からすると、アメリカの経営者にとっては、親族承継か非親族承継かの区別はほとんど意味がないのです。出口戦略を成功に導くため、売り先のルートのひとつが親族承継である、そういう位置づけと理解したほうが正しいでしょう。

ヨーロッパでは、親族の中で後継者が確保しにくくなったことから、従業員や外部の第三者を後継者とする非親族承継の必要性が高まったと先程述べました。これは、日本の現状とほぼ同じと言えるでしょう。

しかし、同じく非親族承継が一般的なアメリカの場合、その動機の点で違いがあります。アメリカでは、市場原理に促されて、企業が活発に売買の対象となっています。そのために生じた事業承継の可能性の拡大が、結果的に非親族承継の量的な拡大を生んだと捉えられます。

アメリカでの活発な企業売買が、企業の後継者確保に大きく貢献していると言うこともできます。つまり、企業売買の市場が形成されていることによって、その市場に起業家としての後継者が惹きつけられます。そこでは、経営者が、自分の企業の売り先を見つけやすくなっています。企業売買の市場の発達が後継者確保に有利に働き、事業承継の円滑化につながっているのです。

ヨーロッパでは、こうしたアメリカの実態を参考にして、企業売買の活性化による事業承継の円滑化のための政策が実行されて成果を上げています。例えばフランスでは、各地の商工会議所が企業売買のマッチングに大きな役割を果たしています。

日本でもヨーロッパを参考に、二〇一五年から全国的なマッチングの活動を政府が支援することになりました。しかし、この制度は、まだ緒に就いたばかりの段階です。

また、民間のM&A仲介会社が次々と設立されており、その中には上場企業も数社現われました。今後、日本でも、事業承継に企業売買が活用されることが期待されています。しかし、M&Aの仲介会社が手掛けている事業承継に関連する案件は、年々増えているとはいえ、その総数は未だ多いとは言えません。したがって、今のアメリカと同様に、日本でもM&AやMBOが事業承継に活用されるようになるには、なお数十年を要することでしょう。

それでも、今後の日本では、親族承継が減少を続け、非親族承継が増え続けていくものと予想されています。アメリカのように企業の売買が活発になる前に、非親族承継が増えていくとすると、一体どういうことになるのでしょうか。そこでは、どんな非親族の後継者が社長になっていくのでしょうか。このことを考える前に、もう一度、親族承継が減少している理由を整理しておきましょう。

3　日本で子供が後継者にならない理由

日本の企業で親族承継が減っているのは、何と言っても出生率の低下による少子化が一番大きな原因です。少子化が、親族の後継者候補の絶対量の不足をもたらして、親族への承継を難しくしています。中でも、男の子の数が減少していることが、親族承継を難しくしていると指摘されています。

しかし、親族承継の急激な減少には、少子化だけではないほかの理由もいくつかあるようです。それを知っておくことは、経営者が自分の後継者のことを考える上で役立ちます。以下には、そのうちの四つを紹介します。

第一に、中小企業の社長の年収が、平均的なサラリーマンの年収を下回っているケースが非常に多いことです。これでは、わざわざサラリーマンを辞めてまで親の会社を継ぐ必然性が乏しくなります。特に個人事業主では、手取り年収が三百万円までが全体の六割強を占めると、二〇一五年版の『中小企業白書』が報告しています。このくらいの年収であれば、普通のサラリーマンと比較しても見劣りします。さらに、中小企業の社長の子息が、将来不安定な親の企業を継ぐより安泰な大企業での勤務を好み、承継を望まない傾向が強くなっていると言われています。これらのことは、嘉悦大学の黒瀬直宏教授や東洋大学の安田武彦教授が主張しています(8)。

第二は、親族の後継者候補の能力の問題です。目まぐるしく変化する経営環境に対応できる経営者としての資質を持つ人材が、親族内にいないことも往々にしてあり得ます。金融の現場で、多くの親族承継の問題に対処している関西アーバン銀行の田中宏樹氏などがそう指摘しています(9)。

また、江戸時代の商人の世界でも、経営者の子供だから良い経営者になれるなどということは常識ではありませんでした。江戸の町人は、子供に商売を継がせてもろくなことはないと思っていたと、東京工業大学の山室恭子教授が指摘しています(10)。

第三は、経営者が自分の年齢から来る衰えに対して、子供の成長を待てないという事情です。後継者育成には時間がかかりますが、それを待っている間に経営者は年老いてしまいます。

経営者が自らの能力の低下を告白することは極めて珍しいことです。その例外として、作家の山本祐輔氏が、本田宗一郎を支えたことで有名な藤沢武夫の引退の弁を紹介しています(11)。そこには経営者が直面しなければならない老化という非情な現実が露わにされています。

「三日間くらい、寝不足続きに考えたとしても間違いのない結論が出せるようでなければ、経営者とは言えない。平常のときには問題がないが、経営者の決断場の異常事態発生のとき、年齢からくる粘りのない体での『判断の間違い』が企業を破滅させた例を多く知っている」

本田宗一郎（退任時六十六歳）を促し、共に引退した藤沢武夫（同六十二歳）は、退陣表明の挨拶文に右のように記したそうです。藤沢は、引退の五、六年前から後継者へのバトンタッチを準備していました。

そして、親族承継が減少している第四の理由は、子供が継がない理由というよりは、経営者が子供に継がせたくなくなる理由です。それを一言で言えば、家計と経営が分離したことです。二〇〇〇年代に入って、中小企業でも、経営者個人の家計と企業の経営を分離すべきであるという考え方が普及してきたのです。つまり、日本の中小企業では、同族企業においてさえ公私の別が重んじられ、経営者個人の家計と企業の会計の区別がごく一般的になってきたということです。公私の区別を重視する経営者の多くは、親族を後継者にすることを敢えて避けるようになっています。

こうした日本の中小企業における傾向は、大企業で一般的な「所有と経営の分離」の考え方が、二〇〇〇年代に入って中小企業にも普及してきたものと見ることができます。大企業では戦前から、所有と経営が分離している形態が当たり前になっていました。それが近年では、中小企業の同族企業においてさえ、特別なことではなくなってきているのです。武蔵大学の古瀬公博教授は、このことを、日本の中小企業において、家庭内の領域と仕事の領域の分離がはっきりしてきたことを基にして説明しています(12)。

もともと株式会社という制度は、会社の資産と個人の資産を分離することに最も大きな役割があると言われます。株式会社制度によれば、経営者が、創業時は会社と個人が一体でも、いずれは会社と個人を分けて考えるようになるのが自然なのです。

また、企業規模の拡大に伴い、企業の必要資金が家計で賄えないようになり、借入金を導入するようになります。やがて、企業が借入金に依存するような体質になると、借入先の金融機関の発言力が高まります。その一方で、経営に対する家族の発言力は弱くなっていくのです。そうなると、同族会社の中小企業経営者であっても、後継者候補から自分の親族を排除しやすくなります。

個人保証の側面から見ると、この傾向はより一層強まります。つまり、社長が個人保証していれば、後継者に親族以外の候補を選ぼうとすることを、いかに家族といえども阻止することは難しいのです。金融機関の承認を得ている社長は、後継者の選定においても最終決定権を持っています。その社長が「親族はダメだ」と言えば家族は従うほかない、というのが近年の状況なのです。

ここで説明した、親族が社長を継ぎたがらない理由や、社長が親族を後継者にしたがらない理由によって、親族承継が減少の一途をたどっているのです。

4　危機脱出のための秘策

親族を後継者として確保することが難しくなって久しい時代にあって、二〇〇八年頃からは、日本でも、親族以外で後継者を確保する政策の必要性を説く学説が現われていました。実際には、それが政策として実施されるようになったのは二〇一五年からです。政府も、事業承継の減少による中小企業数の減少に危機感を強めており、問題の本質を、親族の後継者が確保しにくいことと捉えているのです。

ところが、親族以外で後継者を確保しようとしても、日本は、欧米とは事情が違っているので簡単ではありません。それは、企業の売買が活発ではないからです。先に説明したように、ヨーロッパでは非親族承継を増やすために、公的な機関が中心になって企業の売買のマッチングが盛んに行われています。

また、アメリカでは、企業の売買のための仲介機関が発達しています。その上、ベンチャーキャピタルやファンドと呼ばれる投資家が、中小企業を買い取る側に積極的に資金提供しています。こうして整備された企業売買のための環境が、企業に非親族の後継者を提供しやすくしています。

残念ながら日本では、商工会議所などの公的な機関も、企業を売買するための民間の仲介機関も未成熟です。加えて、ベンチャーキャピタルやファンドなどが提供するリスクマネーと呼ばれる資金も、中小企業の売買を目的としては金融市場にほとんど出回っていません。

十年前と比べれば、企業売買が少しは身近に感じられるようにはなりましたが、事業承継の数を増やすには程遠い状況です。

そしてまた、仲介機関やリスクマネーの不足と同じかそれ以上に、日本国内での企業売買を不活発にしている要因があります。それは、経営者の意識の問題です。二〇一四年版の『中小企業白書』では、中小企業・小規模事業者の事業継続の意思を調査した結果を報告しています。それによると、自分の代で事業を売却したいと考えている現経営者の割合が全体の二％程度と極めて少ないのです。ここでは、ほとんどの中小企業の経営者が、もともと事業売却を事業承継の選択肢にしていないことが窺えます。

日本の中小企業では、まだまだ企業を売りに出すことなど考えてもいない経営者がほとんどなのです。特に地方では、企業を売りに出すことが事業の失敗に等しいという感覚が根強く残っています。その一例を紹介しましょう。


香川県宇多津町で印刷関連の企業を経営するM氏は、六十歳代から事業承継について前向きに検討していました。自分が脱サラで創業し、地域では事業の特色を認められるほどに成長した会社を、何とか次の代につなぎたいと願っていました。そこで、右腕として育てた役員や、入社させた子供を候補として試行錯誤を重ねました。

しかし、結果として事業承継を果たせず七十五歳を過ぎたので、二〇一六年に意を決して会社を売ることにしました。そのことを、古くから親しくしていた県内の社長にそれとなく打ち明けました。この社長の会社は、M氏の会社の取引先でもあり、お互い相手のことはよく知る間柄でした。

M氏の話を聞いた社長は、すぐにこの話に飛びつきました。偶然にも両社のメインバンクは同じ銀行だったので、この話を聞きつけた銀行は待ってましたとばかりに仲介役を買って出ました。とんとん拍子に運んだM&A案件は、見事に成約し、複数の新聞にも取り上げられるニュースとなりました。

長年の懸案が一気に片付いたM氏は、安堵の表情を浮かべながらも、このニュースの反響に複雑な一面をのぞかせました。それは、親しい人たち何人もから、「会社を売らなければならないほど大変だったのか」と言われたからでした。

M氏とすれば、自社の内容が地元の有力企業に評価されたからこそM&Aが成功したという自負を持っています。また、心血を注いで育てた右腕や子供は、売却後も変わらずに意欲を持って働いています。しかし世間では、会社を売ること自体が経営に行き詰まったからだと見られてしまうのです。経営者が受ける評判を考えると、まだまだ日本では、会社を売るという決断をしやすい環境があるとは言えません。


この例からも分かるように、日本の中小企業経営者にとって、自社を売りに出す決断をするのは大変勇気の要ることです。仮に、予想以上に高い価格で売れるとしても、その後の自分の評判を考えると二の足を踏む経営者が多いのです。

売った後の評判について言えば、家族同様に接してきた従業員たちから、どのように思われるだろうかということも、経営者として非常に気になることです。自分だけ高額の売却代金を手に入れて、安穏とした生活を手に入れることへの後ろめたさを感じる経営者は少なくないでしょう。

実際に、M&Aの仲介業者にとっては、買い手を見つけるのは容易でも、売り手を見つけるのは極めて難しいのが現状です。ですから、どの仲介業者もひたすら売り手企業探しに奔走しているのです。

経営者が親族に期待しづらい日本、市場で企業を売買しづらい日本、また心理的にも企業を売りたいと考えづらい日本、そういう日本でどうやって後継者を確保できるというのでしょうか。全くの無理難題のようですが、実はどこの企業にもできるある方法がひとつだけ残っているのです。そして、その方法なら、企業を売りに出さなくてもよいのです。

それは、個人保証を引き継いでくれる後継者を作ることです。とりあえず株の売買は横に置いて、個人保証を引き継ぐ意思のある人材を準備できれば、事業承継はほぼできたも同然です。ここまで準備できていれば、いつ何時社長が引退したいと思っても、後は金融機関の承認を取り付けるだけです。

金融機関が問題なく後継者を承認してくれたら、後継者の社長就任が事実上可能となります。その後は、個人保証の引き継ぎ具合に応じて権限の移行を行っていきます。既存の個人保証契約を一斉に新社長に引き継ぐことが可能なこともあるでしょう。そうではなく、私がやったように、新規の個人保証契約から新社長が引き受けて行い、既存の個人保証契約に関しては借入金の返済状況に応じて徐々に引き継ぐ方法もあります。

こうした方法によれば、経営者は、すぐに株を売却することを要せずに、社長職を降りることができます。また、後継者は、株を買い取る資金を急に用立てる必要がありません。個人保証さえすれば、社長就任時に自社株を一株も持っていなくとも立派に社長職は務まるのです。後継者は、お金がなくても社長になれるのです。そしてこの場合、経営者は、株を譲渡して所得税や贈与税を払う必要も当面はないのです。そうです、この方法であれば、社長職を引き渡すほうにも引き受けるほうにも、事業承継したからといって、すぐにはお金は要らないのです。

ただし後継者には、必ずしも個人保証をさせなければならないわけではありません。後継者に個人保証をさせないで社長職をバトンタッチする方法もあります。社長を降りた人が、会長や相談役になっても実質的に最終決定権を維持し続けるためには、個人保証をあえて引き継がない方法もあります。その一例を紹介しましょう。

群馬県太田市の土木関連工事業を営むS氏（五十五歳）は、営業マンとしての中途入社から昇進した、オーナーとは血縁のない二代目社長です。オーナー社長から次期社長を打診されましたが、個人保証することには、特にS氏の家族の側に強い抵抗感がありました。そこでS氏は、将来の社長候補もすでにいて、自分には個人保証の必要がないことを妻に確認させて承継を承諾しました。

社長就任後のS氏の担当業務は、それまで同様の営業全般の統括であり、財務や人事に積極的に関わろうとはしていません。自分が社長をしている会社は、あくまでオーナーの所有であるという意識を強く持ち続けているからです。株についても、こだわりがないことを次のように語っています。

「五％持ってはいますが、株をそれ以上欲しいとは思いませんね。サラリーマン社長という形でやらせてもらってるんで、自分がこの会社を将来はもらいたいとかいうのは、まるっきりないですね。後継者もいるのは知ってますしね。ワンポイントリリーフでいいという最初からそういう気持ちですけども、赤字にしては渡したくないですから、できるだけ資産を増やして、次の社長に渡していきたいというふうには思っております」（S氏）

S氏には、社長就任当初から会社を所有しようという気持ちが全くありません。したがって、ごく少数の株をオーナーに勧められて所有してはいるものの、それを増やしたいとは思っていないのです。ただし、最終決定権がオーナー側にあることで、少しだけやりにくさがあることを正直に語ってくれました。

「ガラス張り経営ですから、やりにくさはあまりないとは思います。けれども、自分が経費を使うことには少し抵抗があります。社長ではあるけれどもオーナーではないので、鉛筆一本にしても、どうしてもオーナーの所有だという意識があります。オーナー本人もその気持ちがおそらく抜けないとは思います。ですから私は、ワンマンにはなれないんです」（S氏）

S氏は、最終決定権が大株主にあるがために、大株主のオーナーとしての視線と自身のサラリーマンとしての視線の折り合いをつける難しさを指摘しているのです。

ともあれ、この会社のオーナーからすれば、自分の後継者の確保には成功しています。また、オーナーの長男はS氏の下で丁寧に育成されています。こうした中継ぎの役割を担う社長には、個人保証を負担するほどの責任を求めなくてもよいでしょう。それよりも、オーナーとの信頼関係に立って安心して実務能力を発揮できることが重要で、一定期間をかけて親族を育成すればオーナー経営に戻るというシナリオは、よく利用されています。もちろん、S氏のケースでも、社長就任を理由にしての株の売買は生じていません。したがって、オーナー側にもS氏側にもお金はかかっていません。

ちなみに、こうした中継ぎ的な後継者の起用は、オーナーと非親族の後継者の間だけで用いられているとは限りません。事業承継が完了した事例とは言えないのですが、都内の大規模な信用金庫の常務理事から聞いた事例を、次に紹介します。

この信用金庫では、先に紹介した「経営者保証に関するガイドライン」が公表されてから、優先して優良企業の得意先に、このガイドラインの適用を提案したそうです。つまり、得意先の中でも選りすぐりの優良企業に、既存の個人保証契約を解除しましょうと持ち掛けたのです。すると、この提案を受けた優良企業の一社から、意外な反応がありました。

その会社では、高齢の会長が実力者で、その長男が社長を務めていました。信用金庫から提案を受けた時には、その会社では、個人保証を会長と社長の二名で行っていました。社長は、提案を受けてすぐさま個人保証の解除を受け入れたのですが、会長は提案を辞退しました。つまり、信用金庫が、個人保証なしでも十分に債権の保全ができると判断したのに、会長は、自分の個人保証は外さなくても結構ですと断ったのです。

会長曰く、自分は死ぬまで個人保証をやり続けるとのことだったそうです。信用金庫の常務理事も驚いていましたが、私には会長の気持ちがよく分かります。老いたるといえども隠然たる力を秘めていたいという、会長の思惑が見えるのです。

そうした会長の下にいる社長の心情は分かりません。しかし、このケースも事業承継のひとつの形態です。この会社では、すでに事業承継の最大の問題である後継者の確保ができているのです。後の問題は、会長と社長の権限の調整の問題であり、後継者をどうやって確保するかという問題ほどの大きな難問ではありません。

以上、ここで紹介したのは、経営者が、企業を売れなくても、売りたくなくても、好きな時に事業承継ができる方法でした。私の体験からすると、突然に事業承継に迫られるほど恐ろしいことはありません。突然の事業承継では、新社長を立てるだけでも大変なのに、業績の悪化が避けられないことが多いので、それが即、経営危機につながってしまいます。

事業承継によって企業がつぶれるかもしれないとすれば、何としても事前にゆとりをもって後継者を準備するほかありません。それには、大半の中小企業経営者が行っている個人保証を引き継いでくれる人材を育てておいて、それができる人に社長を継いでもらうのです。この方法の良いところは、これだけだとお金がかからずに事業承継できてしまうことです。

それに付け加えると、個人保証を引き継ぎたくない後継者や、個人保証は外さなくてもいいと思っているオーナーは、個人保証を引き継がなくても事業承継ができます。この場合でも、オーナーと後継者双方にお金はかかりません。それでも、当座の後継者は確保できます。

これらの方法をとれば、日本の中小企業の事業承継における最大の問題である後継者の確保が解決可能になります。多忙な中小企業経営者は、これを知って安心できると思います。後継者がいないと悩むより、身近な人に個人保証を引き受けてもらうよう周到な準備をすればよいのです。そうすれば、経営者に万一のことが起こった時にも、従業員や取引先などの関係者を慌てさせることがありません。

第六章

誰も助けてくれない 個人保証の引き継ぎ

前の章では、現在の日本では、後継者を確保することがいかに難しいかを、欧米との比較などを通じて説明しました。その上で、個人保証を引き継げる人材を育てることが、後継者確保に非常に有効であることを提案しました。しかし、個人保証を引き継げる人材の育成が大事だといっても、そんなこと簡単にできるはずがないと思われる方も多いでしょう。

そこで、この章では、もう一度個人保証の引き継ぎがいかに重要なのかを述べた上で、事業承継における個人保証の引き継ぎのために役立つ情報を提供します。それを参考に、後継者の確保について検討してもらいたいと思います。

1 事業承継は税対策だけでは片付かない

政府が打ち出している事業承継対策は伝統的に、税対策であると言っていいでしょう。最近でこそ、M&Aなどのマッチングに焦点を当てた政策が全国的に展開されるようになりましたが、それ以外はめぼしいものがありません。また、中小企業経営者が事業承継に関する相談を持ち掛けやすいとされる専門家も、大半が節税の方法に関する提案に強みを持っています。

例えば、最も頼りにされることの多い税理士は、ひたすら自社株に関する助言を行います。彼らは、自社株の評価額の低減や、自社株の譲渡に係る税金の節約に専門性を発揮しようとします。

そして、次に頼りにされることの多い金融機関も、税金対策が事業承継の主要課題であると捉えており、節税に関する提案力をひたすら磨こうとしています。残念なことに、金融機関は自分が深く関わっていることなのに、自ら個人保証の扱いについて触れることはほとんどありません。ただし、一部の優良企業については、金融機関が進んで後継者の個人保証を免除することがあります。それは、金融機関同士の競争を強く意識しているためです。

このように、中小企業経営者にとって身近な専門家たちは、事業承継を税対策の側面からのみ見ようとするのです。そのため、世間一般にも、まるで税対策をすれば事業承継ができるかのように認識されています。そうでないことは、ここまで読み進んでくれた読者の皆さんにはもうお分かりでしょう。

事業承継が税対策でできてしまうほど単純なら、経営者は、事業承継を税理士に外注しておき、できてから受け取ればよいのです。税対策も専門性が極めて高いので、それを扱う専門家の存在価値を否定するものではありません。しかし、税の専門家や金融の専門家でも分からない複雑な問題が、どこの企業の事業承継問題にも潜んでいることを忘れてはならないと強調したいのです。

この点を、さらにきちんと認識してもらいたいので、個人保証を巡るよくある例として次の二つを紹介します。いずれも、経営者に意中の後継者がありながら、税対策に至る前の時点で事業承継に頓挫したケースです。

中部地方にある農業関係の企業を経営するX社長は、早くから長男を後継者と定めて事業承継の準備を着々と整えてきました。具体的には、長男を農業関係専門の大学に進学させ、同業の他社で修業を積ませたのちに自社に入社させたのでした。X社長は七十歳を間近に、もうよかろうと、順調に成長した長男を社長に就任させようとしました。

しかし長男は、頑として社長職を引き受けようとしません。その理由は個人保証です。長男とすれば、天候に左右されることが多くて収入が安定せず、輸入品目の拡大など先行きの不透明な農業では、社長職は安易に引き受けられないというのです。社長になって個人保証を引き継げば、最悪の場合、家族を路頭に迷わすことにもなりかねないからです。父親であるX社長は、このことに頭を抱えています。

次の事例は、中国地方の旅館です。有名な観光地で、長年修学旅行客を中心に集客していたこの旅館は、全国の学校の修学旅行が海外へ指向を変えていくことに対応できていませんでした。その結果、近年になって宿泊客が激減し業績が悪化していました。

そんな中、現状の打開に能力の限界を感じたY社長夫妻は、東京でIT企業に就職していた長男に助けを求めました。すでに結婚して子供もできていた長男でしたが、両親の懇願を受け入れてIT企業を退職して帰郷しました。

長男が旅館の仕事にかかり始めたある日、金融機関から一通の郵便物が長男の自宅に届きました。その郵便物を見た長男の妻は、内容を見て驚きます。それは、旅館の運転資金を借り入れた際に、長男が連帯保証人になったことを確認するために金融機関が書留で差し出した郵便でした。サラリーマン家庭で育った長男の妻は、そのような書類を見たことがありませんでした。意味が分からなかったので夫に聞きましたが、十分な説明が得られません。

そこで、妻は、実家の父にそのことを相談しました。サラリーマンで通してきた妻の父親は激怒します。個人保証をするような男に娘を嫁がせたのではないというのが、その言い分です。その後は、両家の言い争いが続いた末、とうとう長男夫婦の離婚に至ってしまいました。妻や子供と離れて暮らさざるを得なくなった長男は、旅館の経営に励むどころか、毎日鬱々として引きこもりの状態に陥ってしまったのです。

この二つの例から分かるのは、事業承継における個人保証引き継ぎの難しさです。ただし、いずれも、その責任の重さのみが問題の本質ではありません。

前の例で言うと、X社長は、長男に対して社長就任を求める前に、どれほど事業の夢を語っていたのでしょうか。本当は、長男の父に対する信頼が今ひとつで、彼が、事業に夢を持てないことが問題なのではないでしょうか。

後の例では、Y社長の長男夫婦の関係が気になります。長男の妻は、個人保証のことだけで実家に駆け込まねばならなかったのでしょうか。本当は、長男夫婦相互の信頼関係のほうが問題だったのではないでしょうか。

このように見方を変えると、個人保証は、それまで潜んでいた経営者を取り巻く問題を表面化させてしまうことが分かります。つまり、日常では取り繕った人間関係がありのままに露呈してしまうのが、個人保証の恐ろしい一面なのです。

2 成長を阻害する指南本の個人保証対策

事業承継に関しては、税理士やコンサルタント、それに学者が著した膨大な数の著作物が存在します。研究者としてそれらを調査してきた私が、それらを一言で言えば、そのどれもが個人保証対策としては上滑りで実態を無視しているものばかりです。

切って捨てるように言ってしまって恐縮ですが、それが事実なのです。ほとんどの事業承継の指南本は、個人保証に触れていません。触れていても実に簡単なものが多く、現場で苦労している社長の満足を得られるような明快な記述には出合えません。真面目に個人保証問題に言及している事業承継の指南本でも、結論は共通していて、すべてが「借入金を減らすか、なくして事業承継をしなさい」と述べるにとどまります。

私は、その結論が間違っているなどと言うつもりはありません。むしろ、それはある意味では大正解です。事業承継に関する個人保証問題に対処するのに、借入金を大幅に減らしたり、なくしたりしてあげることで、後継者の負担は軽減されますから、事業承継が円滑に進行することは間違いないのです。

ところが、この個人保証対策としての借入金削減策は、結構深刻な問題をはらんでいます。それを、以下に二点挙げて説明します。

まず第一に、事業承継をしたいと思った経営者が、借入金を減らすのにどのくらいの時間を要するかが分からないという問題です。事業承継をしたいと思った時点で、すぐにでも完済できるわずかな額だけしか借入金が残っていなければ、返済は簡単なことです。

しかし、大幅に減額しようとすると何年もかかりそうだとしたらどうでしょうか。また、その時点では大きな額では残っていなくても、経営環境が激変したり、大きなクレームや事故の発生などで追加の借入金が必要になったらどうでしょうか。個人保証対策として借入金の削減しか方法がないならば、そういう時には、事業承継を諦めるほかなくなります。

第二には、借入金を削減することで事業承継がうまく行ったとしても、その後の経営者が、こだわりなく企業家精神を発揮できるのだろうかという問題です。後継者が個人保証を引き継ぎやすくするために、あるいは後継者が個人保証を引き継がなくてもよくするために借入金を削減するというのは、あくまでも事業承継という限定した視点での話です。

私が経験した無借金経営は、安泰ではありましたが、若い経営者としては面白みに欠けるものでした。リスクに挑戦して新しい価値を創造している満足感に浸れるのは、好機を逃さず借入金で資金調達できるからです。ここぞという商機に借入れをして勝負できるのが、経営者として味わえる本当の面白さです。事業承継をするからといって、商売の醍醐味が味わえないのは経営者として非常に残念なことなのです。

企業家精神は、借入金という選択肢を使えることで大いに発揮されるものです。借入金削減対策によって、企業家精神が抑えられてしまうものであってはなりません。

これまでにも述べてきたことですが、日本の中小企業は、借入金に依存している体質の会社が多いのです。そういう体質になっている会社に、事業承継をやるなら借入金を大幅に減らせと言うのは、麻酔をかけずに手術するような無謀なことだと私は考えています。

仮に、百歩譲って個人保証問題に借入金の削減が必要だとしても、短期間で大幅に借入金を減らせる企業など滅多にあるものではありません。それができるなら、わざわざ借入れをする必要もなかったでしょう。

普通の企業では、大事な資産である不動産や機械設備などを売却しない限り、急激な借入金の削減は実現しません。そこまでする必要があるとしても、そうすることによって経営の継続性の維持が難しくなります。借入金返済のために貴重な資産が失われたとしたら、後継者は、それまでの財務体質とは異なる経営基盤に立たされることになります。それは、経験の乏しい後継者が、いきなり難しい舵取りを迫られることを意味するのです。

このように、借入金を削減することで、一見後継者が承継しやすくなると考えるのは錯覚なのです。確かに、社長就任の条件を整える上では、借入金が少ないほうがよさそうです。しかし、それよりも重要なのが経営の継続性です。

借入れによって安定的に資金繰りがされているなら、わざわざ大事な資産を減らしてまで借入金を減らすことはないのです。また、長年経営の財務基盤を支えてきた資産を、後継者のためとはいえ借入金を減らすことを目的に売却するのはもったいない話です。いずれにしても資産を減らしてまで事業承継するのは、田の草取りをして稲まで抜いてしまうようなものです。

事業承継をする目的は、世代交代や業績回復など、個々の企業によって細部が異なるかもしれません。しかし、企業の永続を後継者に託すために事業承継を行う点では、どんな企業にも違いはないでしょう。ならば、次代を託された後継者が成長戦略を立てやすくしてあげることにこそ配慮が必要でしょう。したがって、後継者のために借入金を減らせばよいなどと、軽々に言って済ませるわけにはいかないのです。

3 連帯保証人にならなければ分からない

私は、多くの事業承継の指南本が一様に唱える、後継者のための借入金削減策には反対です。それは、あまりにも経営の実態から遊離しているので、まるで効き目の怪しいおまじないのようなものです。こんな無責任なことを平気で吹聴できる方々は、はっきり言って連帯保証人になったことがないのでしょう。連帯保証人になったことがないから、ただ外から見て怖いものだから避けたほうがよいとしか言えないのかもしれません。

確かに、私のように三十年も連帯保証人をやっていると、ずっと鎖につながれたような閉塞感に押し込められます。しかし、その息苦しさの中で、真剣に企業の将来と自分の人生を考えに考えていけば、個人保証するということが本当は世間で言われるほど悪いことばかりではないという一面が見えてくるのです。

そこで、連帯保証人であるからこそ理解できる、あまり知られていない個人保証の良い面を紹介します。ここでは、二人の比較的若い社長を取り上げて、彼らが経営者としての覚悟を固めるのに、連帯保証人になったことがどのように役立ったのかを説明します。

東京都中央区に本社を置く、江戸前寿司チェーンの四代目社長N氏（四十一歳）は、大学卒業後、父の跡を継ぐことを自ら決断し渡米、サービス業専門の大学で専門知識を習得しました。帰国後すぐに入社しましたが、当時は、老舗ブランドによる表面的な安定感とは裏腹に、財務が危機的な状況に陥っていました。バブル時代に、不動産を担保にした事業資金の借入れが膨らんでいました。それが、その後の土地価格の下落によって、過剰な負担となり財務を圧迫していたからです。

入社するまでこの事実を全く知らされていなかったN氏は、とにかく当面は、夢だった店づくりを自分で手掛け、一店舗、また一店舗と良い店をつくっていくことに専念するよりありませんでした。

しかし、経営状態の厳しさは増すばかりでした。N氏三十二歳の時、最大の危機に直面します。時の小泉内閣の経済政策によって、銀行による不良債権処理が進められ、当社も解体されかねない状況に追い詰められました。当時銀行は、新しい経営者でなければ前向きな融資はできないとして、N氏を社長候補に引っ張り出しました。銀行は、N氏に事業計画を作らせては何度も呼び出し、計画の遂行能力と覚悟を確かめました。途中、銀行の担当者からは、再三冷淡な扱いを受けたといいます。

「お前みたいな若造が、こんな五百人もいる組織を引っ張るなんていうことに成功した例を見たことがないと言われたこともありました」（N氏）

このような挑発に耐えながら、N氏は、事業再生計画を銀行に承認させました。そして社長に就任し、新たな事業資金を獲得しました。それと同時にN氏は、その時の二十億円以上の借入金に対する個人保証のすべてを父から引き継いだのです。当時の心境を、次のように語っています。

「夜帰る時、暑くもないのにべっとり背中に汗をかいてましたね。それはいまだに覚えてますけど、やっぱりプレッシャーでしたよね」（N氏）

この個人保証の重圧は、従業員との関係に作用しました。ある時、腕が良いのに笑顔のない年かさの板前に腹を立て、N氏は彼を店の裏に呼び出し、どういうつもりだと詰め寄ったのです。その時のことを振り返って、N氏はこう言います。

「『社長にそんなこと言われても、三十年プロでやってるんだから俺のやり方でやる』みたいなことを言ったから、『じゃあ、この店がだめになって首くるのはお前か俺か、どっちだ？』っていう話をしたら、『いや、僕じゃないです』って言う。結局、彼は、不器用ながらも笑顔で一生懸命頑張ってくれました」（N氏）

これは、個人保証しているから最終決定権があるということを、従業員に認めさせた場面と言えるでしょう。老舗の四代目が若くして社長に就任しても、先代が元気なうちは、社長としての自分の権威を発揮することは難しいことです。

しかしながら、このN氏のように、後継者が個人保証をして覚悟を固めれば、新米社長への反発が解消されることが分かります。これは、前社長の権威に従っていた古参の職人に、連帯保証人であることを通じて自分の最終決定権を承認させているからなのです。

もう一人は、神奈川県大磯町で、個人商店としての創業から百年余を経た、清掃用品レンタル業などを営む老舗企業のU氏（四十五歳）です。U氏は、オーナーである三代目からこの会社を継いだ四代目社長です。U氏は、オーナー一族とは親族関係ではありません。専門学校卒業後に入社、早くから前社長に認められ、四十三歳で後継社長となり三年目を迎えていました。U氏によると、前社長は一年目こそしばしば相談に乗ってくれましたが、それ以降はほとんど自分で決めろという姿勢で全く干渉しないのだと言います。

まずは、U氏の株に関する考え方を紹介します。

「株は、大して持っていないです。確か二百万円で買ったんですけど、百万円は自分で出して、残り百万円はその分を給与に上乗せして、分割で返すみたいな形にしてもらいましたので、実質は百万円しか払ってないようなものです。社長になる前も今も、株へのこだわりはないですね」（U氏）

このように、U氏は、株式所有に関しては無頓着とも言えるほど無関心なのです。事実、U氏の自社株の所有割合は一七％にすぎず、後は全部をオーナー一族によって所有されています。
そんなU氏も、個人保証をする時には、非常な緊張感を味わいました。
「社長になって一年たった時に、信用金庫で借り換えすることになりました。そこで連帯保証人の判子を押した時は、一気に血の気が引けましたね。これは大変なことになったなと感じました。それから、ある種社長としての責任とか、家族に対する守らなきゃという意識は余計強くなったと思います」（U氏）
前社長時代に借り入れた複数の借入契約を、まとめて借り換えをする際に、U氏は、個人保証を前社長から引き継ぎました。その時、経営者としての覚悟が決まったと回顧しているのです。一般的な常識からすると、オーナーでないなら、最終決定権を持てないだろうと考えられます。それに、オーナー一族からいつ解雇されるかもしれないリスクがあるのに、個人保証などするのは馬鹿げたことだとも思えます。そのような見方に対してU氏は、毅然として自説を述べました。

「もし会社に何かあった時に、誰がリスクを負うのかと考えると、株主は出資した分がなくなっちゃうということはありますけども、金額の大きさを考えると、それは保証人のほうがリスクが大きいと思います。誰が筆頭株主であるとか、そういうことを僕があんまり意識していないのは、まさにその部分です。人によっては、大株主でもないのに、よくそこまでリスクを負っているねというふうにとる人もいるかもしれません。それに、解任される可能性もありますけども、そうならないように頑張っているとしか言いようがないですね」（U氏）

U氏には、連帯保証人として会社のために絶大な危険負担と圧倒的な貢献をしているという自負があります。だからこそ、株主の存在をあまり意識はしていないというのです。この状態で最終決定権を行使しているのが、U氏なのです。U氏のこの発言からは、個人保証という危険負担をしていながら、しかも大株主から解任されるリスクがあることも承知の上で、社長としての職務を果たそうとしていることがよく分かります。

さらにU氏は、自ら立てた経営計画を従業員や取引先企業に公開し、経営革新の達成のために積極的な協力を要請しています。彼がそこまでできるのは、その最終決定権がすでに確固たるものとなっているからだと考えられます。このような見方を裏付けるのが、U氏の次の発言です。

「新しいことをやろうとして借入れをして、その連帯保証人を会長がしたとか、相談役がしたとかだったら、経営革新のその部分は、社長の自分がやっているのではないと思います。本当の社長なら、やっぱり保証をして全責任を負うべきだと思うんです」（U氏）

U氏自ら経営計画を作成し、それを従業員や取引先企業に示した上で指揮を執った経営革新です。その達成に向けての責任を明確にするためにも個人保証を必須とすると考えるのがU氏なのです。

経営者には、腹をくくらないと乗り切れない事態が必ず訪れます。そういう事態に先立って、連帯保証人であることが経営者としての覚悟を決めさせてくれるのです。

N氏とU氏の事例は、共に四十歳代前半という、経営者としては若い上に、社長としての経験年数がわずかだった時のものです。それでも、ここぞという時にひるむことなく立ち向かっていける頼もしさの根源は、個人保証をしていることと深い関係があるのです。それが、この二つの事例から分かると思います。

個人保証を厄介なもの、できるだけ避けるべきものとし、そのために借入金は削減すべきものであると考えるだけでは、このような個人保証の有用性には気づかないでしょう。おそらく、こういう個人保証の有用性を理解できるのは、企業の借入金の連帯保証人になったことがある人だけです。

税理士もコンサルタントも学者も、そして金融機関の方々も、個人保証は、経営者に返済責任に対して覚悟を固めてもらうためにするものだとは言います。しかし、覚悟と言いながら、それを第三者として見ているだけのことで、それがどんなものかを自分で体感して知っているわけではありません。個人保証をした時の覚悟がどんなものかを本当に知っているのは、実際に連帯保証人になったことのある経営者だけです。

4　後継者に覚悟を形成させる個人保証

前の項で紹介したN氏もU氏も、いわば突然訪れた個人保証契約の当事者となる場面で、臆せずこの運命を受け入れた社長です。このような勇敢な決断と行動が誰にでもできるわけではないでしょう。社長になれば当然とはいうものの、普通の人なら、できれば避けたいと尻込みするのが当然です。

実際に、これまでの事例の中でもあったように、個人保証をしなければならないなら社長にはならない、あるいは、社長になっても個人保証だけはやらないという人が圧倒的に多いと思います。そういう人が多いことが普通だから、経営者は、後継者の確保に苦しんでいるのです。逆に言うと、個人保証を嫌がる人が多いのだから、個人保証ができる人をしっかりと準備することこそ後継者確保の近道だと言えるのです。

ここでは、個人保証ができる人をいかにして確保するかを事例をもって紹介します。言い換えれば、連帯保証人をいかにして育てるかということになります。

初めに、第四章の「子会社の活用」で紹介した長野県伊那市の建設工事業のT氏に再登場してもらいます。私は、子会社の経営に失敗したI氏を選んで次期社長にしたT氏を、大変我慢強い方だと賞賛しました。そのT氏は、連帯保証人をいかに育てるかについて秘策を編み出しています。それは、T氏の経営上の苦境脱出体験から生まれた珠玉の知恵でした。

T氏がオーナー社長から承継して二代目の社長になった後、しばらくは業績の伸長により好調が続きました。しかし、バブル崩壊後、銀行から勧められた不動産投資が仇となって、借入金が膨らんでしまったのです。元来堅実志向のT氏は、それを大いに後悔し返済に努めました。そうしながらも、自分一人が連帯保証人である現実に耐えきれなくなり、銀行を通じて会社の売り先を探し始めました。

「十年くらい前、私は、今のうちなら誰にも迷惑をかけることがないと思い、メインバンクに密かに会社を売る相談をしていました。実際に、ウチに関心のある社長とメインバンクを通して会ったこともあります。その間に、資産台帳だとかを持ち出すもので、幹部におかしいなと思われました。それで、役員会を開き、会社を売却する相談をメインバンクと六か月間してきたことを打ち明けました。そして、これ以上、自分は社長を続けることはできないと言いました。当時の会社は、運転資金のための借入金が膨らんでいたので、私にとっての保証の問題が深刻になっていたのです。そこで、今のうちなら、どこにも迷惑をかけないで会社を閉められるということも、役員会で提案しました。それまで、社内はもちろん、株主にも何も言っていませんでした。しかし、それを聞いた役員たちは『社長、そこまで考えていたのですか。申し訳ありません』と言ってくれたのです。そこから役員が一致団結しました」（T氏）

苦境の打開策として、会社の売却や清算を密かに画策していたT氏でしたが、意を決してそのことを役員会に提案したのです。その時、連帯保証人として一人苦しんでいた心境を吐露したことが、他の役員の心に響き一致団結を生みました。その結果、会社の売却も清算も撤回され、自力での再建がスタートしたのです。

T氏が語った、「誰にも迷惑をかけない」とは、従業員や取引先を守るということです。そのために自分の地位と収入を捨てる覚悟を示したことで、役員の意識が一変したのです。連帯保証人である後継者の覚悟は、時に周囲の心境を変えてしまうほどの凄みを持つものであることが分かります。

T氏は、この時の教訓から、連帯保証人を社長単独で続けるのは限界があると悟りました。そこで、いつでも連帯保証人が代われる体制を構築しようとして、新しいルールを整備しました。

「役員が一致団結してくれたのを機に、役員になったら保証をするものだと明言しました。そのぐらいの責任感を持って役員になるんだと訴えました。そして、ウチの会社の取締役に推薦する時には、いつかは連帯保証人になるという承諾をその人から取り付けておくことにしました」（T氏）

会社経営に行き詰まり、追い詰められたT氏が、役員の協力を得て再起し、その際に新しいルールを創ったのです。それは、役員になる時にあらかじめ連帯保証人になることを承諾させておくことでした。

T氏自身の経験からも、取締役といえども、就任した後で連帯保証人になってくれとは頼みづらいものです。そこで、取締役選任における推薦段階で、取締役の責任のひとつとして、連帯保証人になるよう将来要請があれば受けることを承諾させることにしたのです。

このような承諾を取り付けておくと、危急の場合も安心です。会社の資金調達の必要から、追加で連帯保証人を増やさなければならない時はもちろんのことです。これ以外にも、社長に不測の事態が生じた場合にも慌てなくてよいのです。

そして、連帯保証人である経営者にとっては、連帯保証人を受けることができるという人、つまり自分の立場を理解してくれる人が、いつも身近にいるということに安心感を得られます。会社内に連帯保証人になれる人が自分しかいないという孤独感は、経営者にとって意外に厳しいものです。

連帯保証人を代わってもらいたくても代わってもらえる人がいないのは、経営者をいつも崖っぷちに立たせている状態と同じです。逆に、いつかは自分も連帯保証人にならなければならないと想定している取締役がいることは、経営者にとってとても心強いことです。それは、もしもの時には、社長を辞めることができるのだという安心感にもつながります。

T氏が、苦境の中から編み出した新しいルール、取締役になる時には連帯保証人になることを承諾するというルールが、できる前と後ではどう変化したのでしょうか。
「役員に保証する気持ちがない時には、役員会での反対意見に対して、私はよくこう言いました。『俺は全財産をかけて、命を張ってやっているのだ。保証をやっていない者は反対する権利がない。保証をしてからそういうことは言え』と」（T氏）
新ルール制定前でのT氏は、役員会での決議を行う際、連帯保証人であることでもって自分の最終決定権を誇示して、他の役員を従わせようとしていました。
これに対し、他の役員がいつかは連帯保証人になるルールに従った後では、次のように変化したと言います。
「連帯保証人になるという腹を決めた時の役員は、自分の家族を思い、自分がやらなければという責任感が目に見えて変わってきました。やっぱり業績を上げなければという意識は間違いなく出てきます」（T氏）
このように役員は、はっきりと覚悟が見えるほどに変化するものだと言います。それも、連帯保証人になった時はもちろん、なる前でも、いつかは連帯保証人になると決意さえすれば、取締役としての自覚ができるというのがT氏の見解です。つまり、取締役になる時に連帯保証人になることを承諾させるという、T氏が考案したこの方法は、連帯保証人になる覚悟をもたらし、かつ経営陣の一員としての自覚も持たせられるという一挙両得の策なのです。

5　連帯保証人を育てる

T氏の優れた連帯保証人育成策とほぼ同様のやり方を、私も考案して実行していました。私がそれをやりだしたのは、金融改革が始まり、バブルが崩壊して金融機関同士の競争が激しくなってきた頃からでした。

私が初めて個人保証をした時には、当社の連帯保証人は五名必要でした。しかし、私が社長になってしばらくした頃には、当社でも連帯保証人は二名でよいことになっていました。当社がメインにしている地域金融機関も激しい競争に巻き込まれていたからです。

借入れについて最終決定権を持つ私はもちろん連帯保証人になりますが、もう一名必要な連帯保証人は、当然ながら右腕である専務に依頼しました。借入先の金融機関とは私が交渉しますし、私以外にもう一名の個人保証が必要だと金融機関から求められるのも私です。したがって、専務に個人保証の自署押印をお願いするのは、金融機関ではなく実質的に私なのです。

借入れの実行については、役員会で説明をして決裁を得ていることですので、専務が、その都度の借入れの目的や条件を知らないはずはありません。私が専務に有無を言わせずに判子を押すよう迫ってもよさそうなものです。しかし、個人保証がそういうものでないことは、私にはよく分かっていました。

そこは、親しい中にも礼儀ありです。役員会で説明した借入れの内容を再度専務に確認してもらい、十分納得したのを確認してから押印してもらいました。二人目の連帯保証人だからといって責任が軽くなることはありません。むしろ、私が破産すれば、専務は一人で個人保証の責任をかぶることになります。ですから、専務が、自宅へ帰って家族に個人保証したことの報告がきちんとできるよう、丁寧に事を進める必要があったのです。

社長として、そういう二人目の連帯保証人を依頼することに配慮が必要なことは十分理解していました。特に、専務が資金繰りにタッチしていない場合は、押印する際の不安や緊張が手に取るように分かるからです。

しかし、正直なところ、これも面倒なことなのです。借入れのたびに一々改まって専務に頭を下げてお願いしたり、専務の家族に申し訳ない気持ちになったりするのは、普段命令することが多い立場ではやりにくいことです。社長の仕事かもしれませんが、できれば省略したいのが本音です。相手の金融機関が実に事務的に個人保証をとってしまうことからすると、社長の私が専務に個人保証を依頼するたびに負い目を感じるのを不合理なことだとも感じていました。

そこで、思案した挙げ句、思いついたのが、その都度個人保証をしてくれと頼むのではなく、あらかじめ個人保証をしなければならない立場だと自覚しておいてもらえばよいのだということです。つまり、金融機関から個人保証契約を求められた時に、一々お願いしなくても、契約書を回せばさっと自署押印してくれる条件を整えておくことを思いついたのです。

それには、自覚を形成させるタイミングが最も重要です。社長の指示によって連帯保証人になることをやむを得ず受け入れるのですから、社長が、最も強い立場にいる時がベストタイミングなのです。そこで、私は、新しい取締役を選任する時を、そのためのベストタイミングとして設定しました。つまり、取締役の候補であることを告げる時に、就任した時の報酬額などと同時に、取締役になれば連帯保証人になる可能性があることを承諾させることにしたのです。

ここまでやれば、次の連帯保証人候補はできたも同然です。つまり、社長の後継者候補が一人増えたことになります。でも安心はできません。取締役になるくらいの年齢になると、健康不安が徐々に増してきます。元気だった人が急に仕事ができなくなることも珍しくありません。また、権限が増してくるのにつれて、横領など不祥事の発生するリスクも高まります。本人にしかるべき警戒心がなければ、悪しき輩に狙われることがあるのが商売の世界です。

取締役になったばかりであれば、誰でも緊張感を持って仕事に精進します。しかし、何年も取締役をやっているうちに、緊張感を欠くこともあり得ます。もしそういうことがあって、後継者候補として期待していたのに、適格性を欠くことになってはいけません。そのためにも、取締役の選任の時だけで、連帯保証人の承諾を片付けておくわけにいかないのです。

私が社長になってから、毎年、株主総会終了後に役員慰労会を行っていました。毎年恒例の役員慰労会を、数年置きには奥さんを同伴してもらい、料亭やレストランで開きました。その主たる目的は、役員の一年間の精勤への感謝と、それを支えてくれた奥さんへの感謝を、社長の私から直接伝えるためです。

その席上の挨拶で、私が必ず付け加えて言うのが、「連帯保証人を依頼した時にはくれぐれもよろしくお願いします」という一言です。こんなことを、慰労会で言うこと自体が無粋なことで、わざわざ社長として嫌われるために言っているようなものです。

しかし私にとっては、この時こそが、最高の後継者育成のチャンスなのです。社長はこんな懇親の場でも個人保証のことを忘れていないこと、また、個人保証は家族の協力がなければできないことを社長として分かっていることを、後継者候補に伝える必要があるのです。

これを、有力な後継者候補である取締役とその配偶者に直に伝える機会は、ありそうであまりありません。おそらく、世の社長の多くは、こういうことを社内の誰にも伝えることはないでしょう。

これを、中小企業の後継者育成の最大のチャンスだと見るか見ないかは、意見が分かれると思います。何もそんな方法でやらなくても後継者は確保できると考えるのなら、それは結構なことです。また、そういうことが言える社長の会社では、後継者確保に苦労することはないでしょう。

ところが、現実に、後継者確保ができなくて困っている会社が山ほどあるのです。そういう会社ではおそらく、ここまでのことがなされていないのだろうと思います。中小企業の経営者が、本気で後継者を確保したいと思うなら、ぜひ連帯保証人を育ててみてほしいものです。そうすれば、好きな時に引退して、ゆったりとした気分で会社の行く末を眺めることができるでしょう。

第七章

それでも個人保証はこんなに役に立つ

前の章で、連帯保証人になるかもしれないと自覚させることが、後継者育成に非常に役立っている事例を紹介しました。取締役にいずれ連帯保証人になるかもしれないと思わせることが、経営者としての自覚の形成にもつながることもあると考える経営者もいるのです。つまり個人保証は、一般に言われている危険なだけの厄介者ではないことを示しました。

そこで、この章では、個人保証にはほかにも役立つことがあるということを整理して説明します。役立ちのことを有用性と言いますが、よく知られた個人保証の有用性と、あまり知られていない個人保証の有用性を分けて説明します。

1 よく知られた個人保証の有用性

ここでは、実際に個人保証を金融機関に提供する経営者にとっての有用性について説明しますが、その前に、なぜ金融機関が個人保証をとるのかを先に整理しておきましょう。

金融機関が個人保証をとる場合、金融機関が求める個人保証の機能としては、次の三つがあります。一番目には、債権回収を目的とした保全機能です。仮に返済が滞ってしまったら、保証契約に基づいて、保証人の財産を差し押さえるなどの手段によって、未回収金額の回復が図れるという機能です。

二番目には、金融機関が、債務者である企業から提供される情報が正確であると確信できるようにするための機能です。個人保証をしている連帯保証人は、実際に差し押さえなどがないように、債権者である金融機関へ正確な情報を提供しようとします。個人保証に対しては、法律によって差し押さえなどの厳しい処置まで可能であることが認められています。だからこそ、企業は金融機関にウソがつけなくなっているのです。

そして三番目には、債務者の約束違反を防止するための機能です。金融機関は、自らが貸し出した資金について、どのように使われているのかに最も注目します。つまり、「使途調査に始まり、使途調査に終わる」と言われるほど、貸金の使い方についての調査が厳格に行われます。

資金を貸し出した時の話とは違う目的に貸付金が使われていると、金融機関の側からすれば、それは約束違反なのです。個人保証には、そのようなあらかじめ約束した使い道から外れた資金の流れがあれば、ペナルティが発生する可能性を示しておいて、資金の不正流用を防止する効果が期待されています。

以上が、金融機関側にとっての個人保証の有用性です。次には、借入れする側の企業や経営者にとっての個人保証の有用性を紹介します。借入れをした企業は債務者ですが、債務者の企業の社長が個人保証をすると、二つの有用性があることがよく知られています。それらは、物的担保力を補完する機能と、返済条件の緩和機能です。

まずは、第一の有用性についてです。借入れを行う際に金融機関がまず提供を求めるのが不動産をはじめとする物的な担保です。借入契約の際、金融機関から、事業用に使っている不動産や、社長が個人で所有している自宅などの不動産を担保提供してくれるよう求められます。最近は、機械設備などの動産や、商品などの在庫へも担保の対象としての範囲が広がってきています。

しかし、どんな企業も借入金額に相当する担保物件を有しているとは限りません。そこで、個人保証を活用すれば、不動産などの資産が少ない企業であっても資金調達力の増大が期待できるのです。

第二の有用性は、返済条件を緩和する機能です。個人保証を提供することにより、借入金の契約の条件となる金利の低減や返済期間の延長が期待できます。事業計画を作成する上で、毎月の返済額が小さいことはとても重要なことです。月々の返済額が大きいと、企業全体の資金繰りを難しくしますので、個人保証を提供して、少しでも資金繰りの負担を軽くしたいと考える経営者が多いのです。個人保証は、そうした経営者のニーズにマッチしています。その上、物的担保と違って、登記に関する手間や経費が不要であることも経営者にとって受け入れやすい制度です。

以上は、一般によく知られている有用性です。これらの有用性があるからこそ、個人保証制度は歴史的にも長く利用されてきました。また、先に説明した危険性がいろいろな社会問題を起こすことがあっても、結局は今に至るまで、そしてこれからもずっと、中小企業経営者は個人保証に頼り続けるのです。

2 あまり知られていない個人保証の有用性

企業にとっての個人保証の有用性は、資産が少ない企業でも借入れが可能になったり、返済条件が緩和されたりする、よく知られた有用性だけではありません。ほかにも、あまり知られていない有用性があることをここで紹介します。

それは、個人保証をすることによって、親会社の存在が霞むほどに、経営者の権力が強くなるという有用性です。ここでは、二つの会社の例を挙げます。いずれの会社も、親会社があるので、本来はその支配下にあるはずなのに、それでも個人保証をしている社長が最終決定権を行使できている事例です。

まず初めは、香川県高松市にある広告会社です。この会社では、前社長一族が行った乱脈な経営によって大きな負債が積み上がっていました。親会社である大手新聞社の系列会社は、その負債の処理に懲りていました。そこで、立て直しの主役として白羽の矢を立てられたのが、地元のマスコミ関係の会社で役員をしていたS氏（五十四歳）でした。

スカウトされたS氏は、引き継ぎを受けた時以上の負債の上積みさえなければよいと考えて社長を引き受けました。そして、実際に、最低限の業績責任を果たすことで親会社の信任を得ていました。しかし、ただそれだけで大人しくしていたわけではありません。S氏はメインバンクを変えてしまったのです。そして、億単位の借入れを起こして自らその連帯保証人となりました。

S氏によると、親会社は大企業であり、担当者はサラリーマンであるから、少々の利益を還元してメリットを与えてさえいれば文句は言われないと踏んでいたのです。また、自ら連帯保証人になるなど大企業のサラリーマンには不可能なことなので、それでもって一目置かれるはずだと読んでいました。そういうことから、S氏は親会社の担当者に対し、何ら臆することなく最終決定権を行使していると言います。

S氏が取り組んだ経営改革の中でも、最も苦心したのが従業員の意識改革でした。外部から突然送り込まれてきた社長が、それまでのいい加減な経営で乱れに乱れた社内を整えるのは大仕事でした。

当時の従業員は、前社長一族の乱脈ぶりをそのまま反映した勤務態度でした。時間管理はいい加減で、自分勝手に出退勤を決めてしまいます。また、会社の経費で、個人で使うものを平気で買っては持ち帰ります。そういう会社を舐めきった従業員に対して、個人保証をしていることをもって立ち向かったのです。

「従業員を全員リセットしたいという時に、私が、実印をついた一億六千万円の銀行の個人保証を見せるわけです。そして、自分のリスクの全部をこのしょうもない会社にかけると言いました。すると彼らは、私が何かやるぞっていうことになるのです」（S氏）

わざわざ連帯保証人になって経営再建に挑む覚悟を示したS氏は、その後、多くの従業員を入れ替えることによって社内活性化を成し遂げようとしました。親会社から信任を得て経営を委任されてはいましたが、働きの悪い古参の従業員からは反感を持たれていたのです。

連帯保証人に実際なったのだという、ただならぬS氏の覚悟は確実に伝わりました。そして、ついにはS氏に従わない従業員に、居心地の悪さを与えて追い出してしまったのです。

S氏が個人保証したことは、親会社の担当者との関係にも良い影響を与えたと言います。まさかなると思っていない連帯保証人になってしまったS氏に対し、親会社の担当者はほとんど口出ししないそうです。ちなみにS氏は自社株を一切持っていません。経営がうまく行かなかったらクビにされることは、もちろん想定しています。

しかし同時に、親会社は、この会社の経営正常化という成果さえ与えられれば満足すると読んでもいます。連帯保証人になって、したたかに社長としての権限を行使しているのがS氏なのです。

次は、鳥取県米子市の設備工事会社です。この会社の二代目社長であるI氏（六十四歳）は、現場の技術職からの叩き上げです。オーナーだった前社長から指名されて、部長の時からこの会社の連帯保証人の一人になっていました。

社長のI氏は、会長になっていたオーナーが、全持ち株を他社に売却した事実を事後に知りました。創業者で大株主の会長は、自身の引退後の生活ための資金を捻出しようと、メインバンクと謀って持ち株の売却を密かに実行したのでした。前社長の株式を取得し親会社となった企業は同業者で、当社を買収して売上げを拡大しようというのが狙いでした。

幸いI氏は、親会社となった企業の経営者とは買収以前から良好な関係でした。ですから、その延長で、子会社になってからも変わらず信任を得ていました。その上、I氏は個人保証をしているので、親会社が一々口出ししてくることはないのだと言います。

I氏には実質的に、買収後のこの会社の最終決定権が確保されているのです。I氏は、自分の裁量で経営ができるようになったので、結果的には前社長の会社売却を好感しています。しかし、前社長が、会社売却後も会長として居座ろうとしたのには腹を据えかね、ついには追い出すことになりました。

「会長の待遇が売却前と同じというのは、多分、メインバンクと会長との話でそうなったんだろうと思うんです。メインバンクにしてみれば、会長がいなくなったら営業的に会社が困るだろうとの思惑があったようです。そういうことならばと、私は銀行に直接言いました。『連帯保証人の判子をつけない年寄りが会社にいても意味がないでしょう。逆に経費を使われるだけ会社は損です。もう、いてもらわなくて結構です』。そう言ったことがもとになり、会長とは一年間ほど揉めましたが、結局は会社を出て行ってもらいました」（I氏）

会長は、社内に相談なしで勝手に会社を売っておいて、売却後も相変わらず高給を維持しつつ、ゴルフなどの交際費も使い放題だったのです。しかも、個人保証はメインバンクに解除してもらっています。これを看過できなかったI氏は、自らが連帯保証人であることでもってメインバンクに乗り込み、会長の放逐を宣言しました。結果的には、会長の追い出しをメインバンクに黙認させたのです。

これについて、親会社から咎められることは全くありませんでした。I氏によると、優良企業である親会社の経営陣の中から、借入金の多い当社へ乗り込んでくることはないと言います。わざわざそんな貧乏くじを引くような人は、親会社にはいないからだそうです。つまり、誰もこの会社の個人保証などしたくはないから、I氏は自分の好きなように経営できるのだと言うのです。

以上の二つの事例のように、大株主である親会社があっても自信を持って最終決定権を確立している社長がいます。二人に共通するのは、社長そのものの資質もさることながら、連帯保証人であることです。二人とも、株式所有割合によらずに最終決定権を確立しています。この二人は、いずれも金融機関との関係を梃子に、自身の最終決定権を確固たるものにしているのです。

これらから分かるように、個人保証には、親会社の存在があっても、経営者に最終決定権を確立させることを支援する有用性があるのです。特に、親会社の経営陣が、子会社の有する負債に関わろうとしない場合などは、子会社であっても、個人保証をした経営者の発言力は非常に強くなります。

こうした場合、一見、不思議とも思えるほど、個人保証をした経営者の権力は強大になり、次期社長の人事さえも個人保証をしている社長が握るようになるのです。実際に、この項で紹介したS氏もI氏も、後任社長については自分の裁量で決めると言っています。

親会社の子会社に対するような、通常は、絶大と考えられる権力があるような場合でさえ、個人保証によって、経営者への権力の逆転現象が起きます。個人保証はそれほど効力を持ち、いわゆるサラリーマン社長に権力を与える有用性を発揮するのです。親会社の中に、子会社の再建を任せられる人材がいない場合などは、個人保証のこのような有用性が用いられることになります。

3 大株主にも対抗できる連帯保証人

親会社さえも黙らせることができる個人保証の有用性を紹介しましたが、ここでは、連帯保証人の経営者が、本人とは別の大株主に毅然として対抗できることを説明します。ここでも二つの事例を挙げて、一介の従業員から昇進して経営者になった人が、連帯保証人になると大株主をものともしなくなることを示します。

まずは、岡山市の環境コンサルティング業のA氏（五十三歳）です。前社長の死亡後に承継、直ちに連帯保証人になったA氏は中途入社の技術者です。ワンマン経営の社長が急逝した時は、まだ課長職でした。しかし、すべてを二代目である前社長一人で決めていた体制の中では、社内の誰もが経営全般を見通すことができませんでした。それでも、A氏が最も実務経験が豊富でした。

遺族である創業者一族は、この会社に関わろうとせず、社内から後継者が出ることを求めました。そこで、真っ先に社長就任を求められたA氏ではありますが、経営の経験が全くないので不安だらけでした。迷った挙げ句、もう一人の従業員と二人で代表取締役を務める体制を選択しました。

前社長が亡くなって一時は経営危機に陥った会社も、A氏の奮闘で安定した収益を回復しました。そして、さらなる発展を期して社屋移転という大きな設備投資を行うことになったのです。その際、それまで二人で務めていた連帯保証人について、A氏は大きな決断をしました。会社の方針を巡って協議しながらやってはきましたが、もう一人の代表取締役が自分ほど熱心ではないと感じていたからです。そこでA氏は、社屋移転からのちは、すべて自分一人で決することにしたのです。

「もう一人の代表は技術オンリーの人なんです。だから、経営に一切携わってもらえなかったのです。社屋移転の前までは、連帯保証人の判子をついてもらっていました。でも、社屋を移転する時には、銀行から保証人は私一人でいいと言われたので、彼には代表取締役を降りてもらって、技術のほうの取締役になってもらいました」（A氏）

A氏は、このことを機に、逃げ道がなくなり腹が決まったと言います。多額の借入金の個人保証を自分一人が背負ったのだから、ほかの人ではこの会社を経営できないと思ったのでした。経営全般に責任を持ち、大きな設備投資を敢行するほどの経営革新ができる人は、中小企業にとっては得がたい人材です。奇しくもそのような人材であるA氏の発掘が、前社長の急逝と共同代表体制からの脱皮という過程を通じて実現したと言えます。

「当時の売上げが二億五千万円ぐらいでしたが、社屋移転のために新たに二億五千万円の借入れをしました。これで、自分の中では覚悟が決まりました。二億五千万円だと毎年二千万円ちょっとをプラスして返していかなければならないということです。ですから、不安はありますけども、さらに経営に対する思いが深まりました。だからめげないですね」（A氏）

ところで、この会社では、依然として創業者一族が大株主のままです。少数株主のA氏が、後継者として最終決定権を確立するまでには、大株主の代理人的立場だった当時の顧問税理士との激しい確執がありました。

常に大株主の立場を配慮しながら発言する税理士に、A氏は毅然として対抗していたのです。ある時、その税理士は、社長を解任するよう大株主に対して進言しました。A氏は、それにひるまず大株主への直接談判に臨みました。そして、ついに大株主から自分への全面委任を取り付けたのです。その後、件の税理士は、逆にA氏によって解任されました。

ここまでたった一人で戦ってきたA氏の思いは、危機に陥った会社を何とかしたかっただけだったと言います。そこまでの執念を支えた証しが連帯保証人になったことです。わずかな株式しか持たない一管理職だったA氏ですから、個人保証をするリスクを冒して無理に後継者にならなくてもよかったとも言えます。しかし、一旦社長になり連帯保証人になった限りは、全力で会社を守り抜くという決意で突き進んだのです。

そういうA氏は、大株主に対しては、自分が連帯保証人であることを強く意識しています。特に、社屋移転や税理士との対決の場面では、次のように考えていたそうです。

「私には株はないけれども、ほかに誰か連帯保証人になって経営をやる人がいたら、できるんだったらやってみたらという気持ちのほうが強かったですね」（A氏）

この気持ちは、その後も続いており、自分の後継者に関しても大株主に対する配慮はほとんどないと言います。実際に、社内には大株主の親族がいるのですが、A氏は完全に実力主義で評価しています。

「四十三歳になる大株主の息子さんが社内にいます。本人はやる気がないので、役職にもつ

けていません。それでも、大株主との間に何も問題はないと思っています」（A氏）

大株主の親族にも、人事の面で一切特別な配慮はしないのに、大株主から文句が出ないのです。A氏は、自分の後継者は大株主ではなく自分で決めると明言しています。A氏には、連帯保証人を自分に代わってできるような人が、大株主の親族にはいないという確信があるのです。

次は、札幌市で美容業を多店舗展開するM氏（六十八歳）のケースです。M氏は専業主婦から美容の仕事にあこがれて、市内でも名だたる老舗企業に二十歳代で中途入社しました。M氏は、長年創業一族を支えてきたことから信頼を得て、この会社の多店舗展開を主導してきました。そして、五十歳代半ばでオーナー一族である二代目社長から後を託され、三代目社長となりました。

M氏の会社では、多店舗展開のための資金をM氏が調達しており、誰が見てもM氏の采配の妙を疑いません。ところが、当のM氏にすれば、会社の内外から他人の会社を横取りしたとは思われたくないとの思いが強いのです。

元はオーナー一族の会社なのに、後から入った自分が好きなようにしていると見られることに強い警戒心を持っています。そこで、最終決定権を行使しながらも、会社規模の拡大に伴う増資では、決してオーナーの所有割合を上回らないように配慮しているのです。

その結果、増資の計画をM氏自ら立てておいて、自分も出資はするものの、オーナー一族が六割に対して自分は四割になるようとどめています。M氏は、株式所有に関して、社長として一般的に必要とされている割合については気にしていないと言います。そして、実際の所有割合も過半に及ばず、わざわざオーナー一族を六割にしています。M氏の、株式所有に対するある種のこだわりです。

「責任の度合いからすれば、本来は私の株を多くしなければならないけれども、増資はいつもオーナー優先でやってきました。とにかく私は、何であろうとも半分以上持つのは危険だと思っている。会社をオーナーから乗っ取ったと誤解されるのは嫌ですから」（M氏）

地域からの評判に細心の注意を払って経営しているからこその、M氏の株式所有へのこだわりなのです。それでもM氏は、連帯保証人になって、新規の設備投資を実行するための最終決定権を次々と行使しているのです。それは、設備投資に必要な借入金を銀行に依頼すると、オーナー一族ではなくM氏が保証人であることを条件にされるからです。

「銀行の人が、長い関係の中で、まだ勤めるんでしょうとか、保証人になってくれるんでしょうとか言うんです。それで保証人になっています」（M氏）

メインバンクが、オーナーが健在でいながらも、あまり資産のない従業員出身のM氏を、保証人として指名しているのです。積極的な店舗展開を支えているのは、ほかでもないM氏に対する銀行からの信頼なのです。

M氏は、直近で経営者保証をした時のことを次のように述べています。

「今回借入れをして、私が保証人になったということを、幹部だけには伝えました。自分はもちろん幹部にも緊張感を持ってもらいたいからです」（M氏）

M氏は、自らが個人保証したことをもとに、幹部への協力要請を行っているのです。

銀行からオーナー以上に信頼を得ているM氏が、最も懸念しているのはオーナー一族が持つオーナー意識に対してです。

「もう少しで創業百周年になりますが、創業家にはどうしてもオーナーであるという意識が見られます。しかし、そうしたオーナー意識がなくならないと百年以上続く企業にはなれません。私が会長になるまでの間に、創業家に対して、オーナーは特別ではない、むしろ一番下から支えるくらいの気持ちでいてもらわねばならないということを伝えるつもりです」（M氏）

M氏は、経営に対する大株主からの干渉を、現状より抑制する必要を感じています。つまり、自社の永続のためには、創業家のあり方を望ましい姿に変えていくべきであると考えているのです。

M氏は、乗っ取り批判に対しあらかじめ予防線を張っています。それは、店舗の評判だけを意識しているのではありません。やはり、オーナー一族からの自分への警戒心を解くためでもあります。それでも、百年企業へと会社を永続させるためには、敢えてオーナー一族に苦言を呈するつもりなのです。

オーナーという個人と会社は別物であり、きちんと分けて考えなければならないということを、オーナー一族に意識させるのが自分の役割だと考えているのです。ある意味では、連帯保証人であるM氏によって、オーナー一族が制御されていると言えるでしょう。

以上、ここで挙げた二人の経営者は、いずれも従業員から社長にまで上り詰めた経営者です。それぞれ、株式所有割合では対抗しようのない大株主が存在します。A氏もM氏も、それぞれの大株主との葛藤を抱えながらも、金融機関からの信頼を背にして、自分の思い描く経営を実現しています。

二人の例で分かるように、経営者が連帯保証人になれば、大株主にも十分に対抗できるのです。そこには、まず、連帯保証人であることで示される金融機関からの信頼があります。また、ほかの誰にもできない危険負担をしているという圧倒的な貢献があります。そして、そうしたことを背景にした連帯保証人であることから来る覚悟があります。

こうした、信頼や貢献や覚悟は、連帯保証人ではない人にはいずれも得がたいものです。容易には持ち得ない連帯保証人のこれらの特性を前にして、大株主がひるむのは至極当然のことでしょう。普通の人には、会社の連帯保証人になるなど簡単にはできないことです。だからこそ大株主は、連帯保証人の経営者には従わざるを得ないのです。

第八章

金融機関との長い付き合い

これまで、「事業承継＝個人保証の引き継ぎ」という私の主張を基に、個人保証に関連する情報を提供してきました。個人保証契約は、企業と金融機関との取引関係の中で成立します。したがって、企業と金融機関の関係が基本にあって、その影響を強く受けます。つまり、借入金の契約の時に金融機関から個人保証を求められるかどうかから始まり、返済の途中で個人保証を外してもらえるかどうかや、返済できなくなった時に差し押さえなどが行われるかどうかまで、すべてが企業と取引金融機関の関係の中だけで決められます。

言うまでもなく、個人保証契約の扱いの決定権は金融機関側にあります。したがって、個人保証契約を結ぶ一方の当事者である経営者は、金融機関との関係に無関心ではいられません。それは、自社が金融機関からどのような評価を受けているのかだけにとどまりません。金融機関が今現在どのような状況に置かれているのかや、これから金融機関がどのように変わっていくのかには、経営者なら誰もが関心を持つものです。

ここでは、金融機関が担っている経済社会での役割の大きさを、改めて説明するわけではありません。仮に、無借金経営の企業の経営者でも、または個人保証をしたことがない経営者でも、金融機関の動向に無知であることは、潮の流れを知らずに航海しているようなものです。その経営は、効率が悪く、むしろ危険が伴うと言っても過言ではないでしょう。

そうした意味から、この章では、企業と金融機関との関係を検討します。その際、企業が金融機関との関係を、いかに良好に維持していくかという視点で考えます。それは、個人保証をする経営者の立場に立って考えるからです。

なお、ここに言う金融機関とは、ほとんどの中小企業が取引している地域金融機関のことを指します。地域金融機関とは、地方銀行、第二地方銀行、信用金庫、信用組合などの、特定の地域を主な営業基盤とする金融機関のことです。メガバンクと取引している中小企業の数も少なくはありませんが、中小企業全体で見て、メガバンクをメインバンクにしている企業は少ないので、ここでは対象としません。

1　金融機関は変わろうとしている

日本の金融機関は、かつては護送船団方式と呼ばれ、大蔵省の指導によって手厚く保護されていました。現在では、金融自由化という名のもとに、金融機関同士の激しい競争の時代が続いています。そして、特に地方の中小企業を主な取引先とする金融機関は、すでに消耗戦の中にあるかのような様相を呈しています。つまり、多くの金融機関が、低金利時代の過激な競争で利益を上げにくい状態に陥っているのです。

こうした状況について、監督官庁である金融庁は、次のように見ています。

「足元の地域金融機関の健全性は、総じて確保されているとしながら、現状では貸出に関する収益性の低下を経費削減で補っており、今後、目利き力と顧客への利便性が低下することへの強い懸念がある」(13)

つまり、一見すれば財務が健全そうに見えるけれども、それはコスト削減の結果であり、実はサービスが以前より低下しているかもしれないのが今の金融機関なのです。

このような実態の金融機関が収益改善のために、今後なお一層経費削減に取り組めばどうなるでしょうか。どの金融機関も、取引先企業の内情に踏み込んだ取り組みが難しくなるでしょう。なぜなら、そうした調査は、営業職員の目利き力の養成など、経費をかけて行わなければならないからです。そうなると、例えば事業承継について企業が相談したいと思っても、金融機関側がきちんと対応してくれるかどうかは疑わしくなります。

金融機関のコスト面からすれば、優良企業は貸し倒れのリスクが小さいので、そうした内容の良い企業だけに対して積極的な融資を行おうとします。その一方で、優良企業では他の金融機関との競争が激しくなる傾向が強いので、ある金融機関が融資に成功したとしても、そこから得られる利益は期待できません。だからといって、比較的リスクの大きい企業、例えば資産が少ない企業や、収益性の低い企業への融資には積極的になれないのです。これが、金融機関が金余りであると言われる一番の原因です。

金融庁は、金融機関のこうした状況を放置できないとして、全国の金融機関に対して、営業職員の目利き力の養成などに注力するよう指導を強めています。このところの金融庁が、金融機関に対して借り手企業の「事業性評価」を行うよう求めていることがそれに当たります。「事業性評価」とは、財務の数値や不動産の担保、そして個人保証に必要以上に依存することなく、借り手企業の事業の内容や成長可能性などを適切に評価することです。

ただし、「事業性評価」に必要な各金融機関での目利き力の養成は、相当以前から金融業界に求められていることでした。しかし、多くの金融機関では、その成果が上がっているとは言いがたい状況です。そして今後も、コストがかかり、高いノウハウを要する「事業性評価」に、すべての金融機関が一様に積極的になれるとは考えにくいのです。

それは、こういうことが、今になって言われ始めたことではないからです。今から十五年近く前から金融庁は、借り手企業の経営者の経営能力や、事業の成長性など数値で示すことが困難な情報を蓄積して、借り手企業との関係を強化することを金融機関に求めていました。この時、金融庁が描いていたイメージは、金融機関が中小企業と長期的に親密な関係を築くことで、経営者に関する細かな情報を繰り返し収集し、豊富に蓄積された情報をもとに貸出しだけでなく、それ以外の様々なサービスを提供するというものでした。

ところが、実際に金融庁が描いたイメージ通りのことができるのは、金融機関の競争環境が緩い地域にある零細な中小企業に限定されました。今となっては、金融機関全体として、借り手企業の経営者と親密な関係を築くことの難しさのほうが際立つ結果となったのです。

経営者の側から見ても、今のところは、「事業性評価」という金融庁が打ち出した新しいコンセプトへは大きな期待が寄せられていません。なぜなら、金融機関は依然として、大口融資先である地域の中核企業でしか「事業性評価」の成果を上げていないからです。

金融庁が推し進めた政策は、一部の優良企業でのみ成果を上げている状況です。しかもその企業では、金融機関同士の競争が激しいので金利がさらに低下するという悪循環を呼んでいるのです。

こうした状況が改善されないままに、金融機関の収益状況はどんどん悪化しています。政府・日銀による低金利政策が続く中、金融機関の利益減少傾向に歯止めがかからないのです。

かつて、バブル崩壊後にも金融機関全体の収益の悪化が問題化しました。その時、私は中小企業経営者として、地方経済の回復のためには、いち早く金融機関の業績改善が必要だと考えました。そして、遅ればせながら小泉政権になって金融機関の健全化が進められ、リーマンショックまでは経済が回復基調で進みました。

今回の金融機関の収益悪化は、バブル崩壊後ほどの厳しさはないにしても、二〇一三年後半から続いている景気の回復基調の中で起こっていることに特徴があります。日本経済全体が年々良くなっているのに、それとは逆に、地域の経済の中心である金融機関の多くが収益を悪化させているのです。

すでに一部では、金融機関同士の競争を緩和させる方策が講じられています。日本国内の各地で行われている金融機関同士の合併や提携がそれに当たります。こうした金融機関の再編による、金融機関の収益の改善や、それによる借り手企業への影響については、まだ確かな評価が下せません。

しかし、日本国中どこの金融機関も、ひとつ残らず再編を真剣に考えなければならない状況にあることは確かです。それは、すでに合併や提携を行った実績のある金融機関も含めてのことです。そのくらい、どの金融機関にも、強い危機感があるのが現状です。なかなか変われなかった金融機関ですが、さすがに近い将来には、劇的な変化が起きるだろうと予想されます。

中小企業は、その変化による影響を必ず受けることになります。具体的には、借入金の調達が、これまでより難しくなったり、条件が悪くなったりすることが考えられます。逆に、企業によっては、これまでより好条件を獲得するチャンスが訪れるかもしれません。もちろん、個人保証の取り扱いにも影響が出るでしょう。

経営者は、予想される金融機関の変化に対して、これまで以上に積極的に情報収集することをお勧めします。金融機関の変化が、地方経済の流れや、自社の商機を突然に変える可能性があるからです。事業承継のタイミングを見誤らないためにも、金融機関の動きに注目していただきたいものです。

2 変えてはいけない金融機関との付き合い方

いよいよ金融機関も変わらざるを得ない状況になっている、ということを説明しました。これから始まる、いや、地域によってはもう始まっている金融機関の変化に対して、経営者が敏感に対応することが重要であることは間違いありません。しかし同時に、経営者としては、金融機関との付き合い方において変えてはならないことがあるということも理解しておくべきです。

中小企業の経営者が、金融機関の求めに応じて個人保証を提供するのは、日本の経済社会の慣習です。そしてそれは、経営者と金融機関による長期連帯主義に基づくものであると言われています。金融機関にとって、貸付金は株式とは違い、突然返済させるなどによる換金が難しいものです。また経営者から見ても、今の金融機関が気に食わないからといって、すぐに取り換えるなどできることではありません。そこで金融機関は、融資先である企業と長期的に協調して連帯関係を結ぼうとします。

神戸大学の加護野忠男名誉教授は、企業を統治する権力を持つ者としての力の源泉は、金融機関と長期的な連帯関係を持っていることであると述べています(14)。それからすると、経営者が自分の権力を確保する恩恵を得るために、金融機関との長期的な連帯関係を築こうとするのは当然のことです。つまり経営者は、場合によっては、株主よりも金融機関に認めてもらうことに価値を見出だすのです。

日本の金融機関にとっては、企業が潰れず安定的に利払いが継続されることが最上であり、それは、むしろ企業がリスクをとって収益性の高そうなプロジェクトに挑戦することよりも重要なことです。これは、東京大学の岩井克人名誉教授が指摘していることです(15)。

経営者も、金融機関の影響力の大きさから、金融機関との長期的な「持ちつ持たれつ」の関係に陥ることについて、懐疑的になるどころか喜んでしまう傾向が強いのです。なぜなら日本では、金融機関が企業経営の方向付けに重要な役割を担ってきた伝統があるからです。この点、直接金融が中心で、株主が重要な役割を果たしてきたアメリカとは全く異なっていると、早稲田大学の藪下史郎名誉教授が述べています(16)。

日本における企業と金融機関の長期連帯関係が、経営者の権力の源泉と見なされるほどに企業経営にとって重要であるとしても、日常それはあまり目立つものではありません。金融機関からの経営者への監視が、普段は個々人の責任感と良心に任せたまま信用しておいて、疑いが生じた時にだけ、調査して制裁を加えるような制度にしてあるからです。

アメリカでは、成功報酬としてストックオプションをたっぷりと与えたり、監視システムに隙をひとつも残さないような徹底さを確保したりする方法をとるので、日本の金融機関の監視システムとは対照的です。これは、イギリスの社会学者であるロナルド・ドーアが指摘していることです(17)。

信用調査会社は、倒産の定義として、金融機関による取引停止処分を挙げています。これからすると、中小企業が倒産するかどうかを最終的に左右するのが金融機関であることは明らかです。

そういう観点から見ても、企業の終わりと事業承継に関しては、金融機関による監視が十分に機能しており、経営者の判断に強い影響を与えています。これらのことからも、金融機関との長期的な連帯関係が、日本の中小企業にとっての重要な慣行であると見て間違いありません。

金融機関側が、企業及び経営者と長期的な連帯関係を望んでいることから、経営者が、それを無視するような考え方を持ったり行動に出たりすることは、通常は得策とは言えません。金融機関との間に、余程の修復不可能な事態が発生したような場合を除いて、関係の断絶につながるような発想を持つべきではありません。

つまり金融機関との取引は、両者が長期的に連帯していく関係を作るために行うべきなのです。これだけは、たとえ経営者が交代しても、ぜひ引き継がれるべき姿勢です。そうすることで、歴代の経営者が個人保証をすることに正しい理解ができるようになります。また、必要があって個人保証を外してもらうよう金融機関に要請する場合にも、それが容易になる可能性があると考えられます。

金融機関との付き合い方において、長期的な連帯関係を、経営者と金融機関双方の努力によって築いていくというスタンスは、基本的に変えてはなりません。長期にわたる付き合いですから、少々の不具合には目をつぶることも必要です。

3　やっぱりメインバンクは必要

金融機関との長期的な連帯関係が、日本の経営者にとって普遍的であるとして、次には、私がこのことをどのようにして体得したかを具体的に述べます。長期的な連帯関係を持つなら、メインバンクをまず優先し、その他の金融機関とはメインバンクに追従した付き合い方をすべきだというのが、私の基本的な考え方です。

現代の日本の中小企業では、いわゆる一行主義と言われる、単一のメインバンクとのみ取引をする形態をとっているところは少なくなっています。多くの中小企業が、メインバンクのほかに複数の金融機関と取引をしています。これといったメインを定めずに複数の金融機関と取引しているところもあるようです。また、企業規模が小さくとも、金融機関の口座だけはたくさん持っているところも珍しくありません。

バブル期前後の金融自由化を契機に、中小企業でも複数の金融機関との取引が容易になりました。それによって、前に示したような中小企業と金融機関との多様な取引形態が生まれました。したがって、かつて存在したメインバンクが絶対必要だというメインバンク神話はすでに消え去っています。しかし、それによって経営者には、金融機関との取引関係について各々独自にしっかりした考え方を持つことが求められています。

実は、私のメインバンクに対する考え方も揺れている時期がありました。そもそも企業にとって、他に優先するメインバンクは本当に必要なのだろうかと迷った時期があったのです。

私が社長になってあまり年数のたたない三十歳代後半のことでした。長年メインバンクとして意識してきた銀行と距離を置いたことがあったのです。ある日、メインバンクの担当者から、日付もない一通の書面が経理担当者に渡されました。そこには、来月から従業員の給与振り込みに対して一斉に手数料を徴収するという内容が書かれていました。

当社にとっては非常に重大なことなのですが、その割に、通告のやり方があまりに唐突で不躾であると感じました。そこで私は、すぐに抗議し撤回を求めましたが、メインバンクが取った私の抗議への対応は御座なりで、事をあやふやなまま処理しようとしているように窺えました。この件だけでなく、その頃のメインバンクの対応には、ほかにも明らかに私が「軽く見られているな」と感じるところが多々ありました。若かった私は腹に据えかねて、対抗処置を講じようと策を練りました。メインバンクの態度を変えてもらうには、少しぐらい怒っても効き目がなさそうでした。本気で怒っていることが伝わるような策が必要だと思ったのです。

そこで考えたのが借入れの一括返済です。当時は、金融機関側の要請で、一定のまとまった金額を短期借入れしており、それが常態化していました。これは短コロと呼ばれており、金融機関にとっては安定的な収益源だったのです。

短期の借入金が、ある大きな金額でいつも残っているのは、財務上目障りなものでした。しかも、資金繰りが好調な時は、目障りな短期借入金と同額以上の現金預金がちゃんとあるのですから、返済できるチャンスはたびたびありました。それでも、短期借入金を返すとは言わないのが、メインバンクへの礼儀のようになっていました。

この慣習を破って、短期の借入金を一括返済してやろうというのが、私の考えた抗議のための策略でした。この時から十年くらいのちには、金融機関から無駄な短期の貸付金を押しつけられるようなことはなくなりました。しかし、この頃には短期借入金を一括返済するなど、まだ常識外れのことでした。

私は、この常識外れの抗議をいきなり行ったわけではありません。もしも、この抗議を実行して、本当にメインバンクから見放されてしまったらどうなるだろうかということを考えました。その時は、すぐさま代わりの金融機関に助けてもらわねばなりません。そこで、メインバンクが貸してくれなくなったら、その分を他の金融機関が補ってくれるよう安全網を準備することにしました。

幸いその頃、私には、二つの銀行の頭取との面識がありました。二人の頭取とは、当社の顧客が仲立ちとなって知己を得ました。これらの頭取と親しくなっておけば何とかなるだろうと考えたのです。当時メインバンクの頭取とは、話をしたことがありませんでした。

一人の頭取とは、ある顧客の誘いで一緒に海外旅行に行く機会を得ました。その機会を最大限に生かして、頭取夫妻と親交を深めました。そして、帰国後には個人的な交流ができるほどになりました。

もう一人の頭取とは、これも別の顧客の誘いで金融機関主催の勉強会に加えてもらいました。私を誘ってくれた顧客は、その勉強会の名目上の主催者にまつりあげられるほどの重鎮でした。ですから、私は腰巾着となって、その方に密着しました。

そうするうちに、頭取との距離は急速に縮まりました。以来、その勉強会では、頭取が来場するたびに、その間近に私を座らせてくれるようになりました。当然のように、頭取から声をかけられることも頻繁になりました。

頭取と親しくしておれば、当社を担当してくれる支店長と親しくなるのに時間はかかりません。どの支店長も、足繁く当社へ通って来ては、私に面談を求めてくれました。

そうなると、相手のほうから融資の話は出てくるものです。それに対して「検討してみます」と言っておけば、それが、すなわち私にとっての安全網になります。つまり、メインバンクに捨てられても、きっと他の金融機関が拾ってくれるという安心感になったのです。

そこまでやっておいて、私は、例の抗議の策を実行しました。短期借入金をメインバンクに一括返済したのです。当時の支店長が、すぐさま飛んできました。その時私は、彼らの非を並べ立てたわけではありません。単に、資金が必要なくなったから、とだけ説明しました。

しかし支店長は、ずいぶん酷いことをしてくれたかのように言い放ち、気分を害したまま帰って行きました。その態度を見て私は、メインバンクとの付き合いもこれまでだなと思いました。そこで、他の金融機関との付き合いに力を入れようとしたのです。

ところが、その支店長が異動してから、少しずつ気配が変わってきました。新しい支店長や担当者は、以前とは打って変わって、私を丁重に扱ってくれるようになったのです。そして、取引条件を良くしてくれたり、営業協力をしてくれたりと、サービスが格段に向上していきました。

そうなると、私も、メインバンクへの態度を変えざるを得ません。せっかく好意を持ってくれるようになった他の金融機関には申し訳なかったのですが、やはりメインはメインとして、従来通り他の金融機関とは差をつけた取引をするよう方針を元へ戻しました。

このことを思い出すたび、あの時は本気で怒らなくてよかったなと思います。メインバンクから軽く見られたことには腹が立ちましたが、他の金融機関に乗り換えられる余裕があったことで、自分では怒ったふりをしていたと思っています。

こういうことは、さすがに金融機関はよく見ているものです。この件から、十年も経った頃、あるパーティーでメインバンクの取締役総務部長から声をかけられました。その総務部長とは、あまり話したことはありませんでしたが、私が十年前に短期借入金を返済して抗議の意を示したことをわざわざ持ち出して、「あれで良かったんですよ」と言ってくれたのです。

金融機関との長期的な連帯関係を築く必要性は分かっていても、現実には、様々な取引上の問題が発生して、関係にひびが入りそうなことは必ず起こります。しかし、できる範囲で忍耐と寛容を発揮して、金融機関との関係が長期に発展することを目指すのが結果的には得策になると、今は確信しています。

もうひとつ、私には、メインバンクの重要性を身に染みて感じた体験があります。リーマンショックからちょうど一年後の二〇〇九年に、当社は、地元香川県の最大手である穴吹工務店と共同企業体を組んで、大型の公共工事に着工しました。

その一か月後、穴吹工務店は経営破綻してしまいました。工事は中断を余儀なくされ、それから約二年間、当社は、共同企業体の代表である穴吹工務店の動向に振り回されることになりました。工事は一か月後に再開したのですが、当社は、同社に対し約十一億円の請求権を有しながら、それが回収できるかどうかが不明となったのです。しかも、そのままで、一年半の工期内に工事を完成させなければなりませんでした。

穴吹工務店は、地方に本社を置く企業ながら、一時は一五五三億円もの売上高を計上する大企業に成長していました。そのビジネスモデルは、建設業・不動産業に限らず幅広い注目を集めていました。

特に、高い成長力を支えていた資金調達力は、金融機関との取引戦略の独自性によるものでした。同社の主力商品である分譲マンションは、全国各地の県庁所在地への進出が特徴でした。各都道府県では、マンションの建設資金を主に建設地の地元の金融機関から調達していました。そうすることで、同社の取引金融機関の数は、倒産時点で何十にも及んでいました。旺盛な資金需要を、地方企業では考えられないほどの多数の金融機関が支える構図で成長してきたのでした。

そういう会社が、約一五〇〇億円もの負債を抱えて倒産してしまったのです。その原因については、様々なことが取り沙汰されました。その中でも、私が最も重大だと見なしたのは、メインバンクの不在です。

経営危機に当たって、数多くの金融機関が付いていながら、その中に親身になって支援してくれるメインバンクを持たなかったのです。そのことが、同社にとって最も深刻な打撃となったのです。

倒産処理は、何度も紛糾しました。しかしながら、結局、債権者への配当が三割程度出ることで決着しました。普通の倒産会社の清算の場合では、五%程度の配当しか期待できないことも少なくありません。したがって、この場合の配当は格段に多かったと言えるでしょう。

つまり、倒産した会社にしては資産が豊富に残っており、債権もかなりあったのです。であれば、やり方によっては倒産を回避できたことも十分考えられます。しかし、それを主導してくれるメインバンクがなかったのです。どの金融機関も、自分のところの債権回収にだけ関心があり、当の債務者の会社に対して、倒産を回避させてやろうとまでは考えてくれませんでした。

当社は幸いにも、主張が適切であると法的に認められたので、最終的には、工事代金を全額回収することができました。約二年間、背筋が凍てつくような恐怖を味わいましたが、何とか胸をなでおろすことができたのです。しかしながら、この時味わった恐怖によって、メインバンクの重要性は、私の骨の髄まで滲みこんだのでした。

金融機関との長期的な連帯関係を形成することは、経営者にとって非常に重要な任務です。この任務を軽んじるようなら、金融機関の側から本気で支援してもらうことなど期待できないでしょう。

中小企業の経営者が、一人でいくつもの金融機関と親密になれれば、それに越したことはありません。しかし、普通の経営者であれば、それに必要な体力も時間も及びません。やはり、ひとつの金融機関に絞って、そこをメインバンクと呼べるように、また、相手からはメインの得意先と呼ばれるように、良好な関係を長期に継続していくことが、何より重要なのです。

そうすることができれば、事業承継を実行する際に、個人保証の引き継ぎにおいても支障が出にくくなります。つまり、社長が引退を表明する時も、後継者を紹介する時も、さらには自分の個人保証を外してもらうよう依頼する時も、メインバンクは、すべてその企業との長期の連帯関係の中で判断してくれるのです。言い換えれば、事業承継という重大イベントにおいても、社長の意向に十分配慮した取り扱いをしてくれることになるのです。

（注）

（1）高村直助（一九九六）『会社の誕生』吉川弘文館、中田薫（一九八四）『徳川時代の文学に見えたる私法』岩波書店、西村信雄（一九五二）『継続的保証の研究』有斐閣。

（2）野澤正充・原田昌和・山下純司・小出篤・藤澤治奈・杉浦保友・北島敬之（二〇一二）「諸外国における保証制度及び実務運用についての調査報告書」三月、商事法務、一―一七五。
http://www.moj.go.jp/content/000097107.pdf（2014/05/11）

（3）あきた自殺対策センター NPO法人蜘蛛の糸編（二〇一六）
http://www.kumonoito.info/toukei.html（2016/09/24）

（4）金子信也・尾久裕紀・オリビエ トレス・亀井克之（二〇一一）「リスクマネジメントの観点から見た中小企業経営者・個人事業主のメンタルヘルス」関西大学社会安全学部編『社会安全学研究』創刊号、八五―九六。
https://www.kansai-u.ac.jp/Fc_ss/common/pdf/bulletin001_08.pdf（2016/11/07）

（5）日本弁護士連合会（二〇一四）「二〇一四年破産事件及び個人再生事件記録調査」日本弁護士連合会消費者問題対策委員会。
http://www.nichibenren.or.jp/library/ja/publication/books/data/2014/2014_hasan_kojinsaisei.pdf（2016/03/08）

(6)山野目章夫（二〇一三）「個人保証における保証人保護の課題と展望」『現代消費者法』六月、№一九、民事法研究会、四―一六。
(7)ダニエル・カーネマン（二〇一四）*Thinking, Fast and Slow*, 村井章子訳『ファスト＆スロー下：あなたの意思はどのように決まるのか？』早川書房。
(8)黒瀬直宏（二〇一二）『複眼的中小企業論：中小企業は発展性と問題性の統一物』同友館、安田武彦（二〇一三）「事業承継への政策支援効果は未確定：金融機関は積極的な関与を」『金融ジャーナル』四月、金融ジャーナル社、六八―七一。
(9)田中宏樹（二〇一五）「当行における事業承継支援：親族間の事業承継事例を中心に」『リージョナルバンキング』六月、第二地方銀行協会、一一―一五。
(10)山室恭子（二〇一五）『大江戸商い白書』講談社。
(11)山本祐輔（一九九三）『藤沢武夫の研究：本田宗一郎を支えた名補佐役の秘密』かのう書房。
(12)古瀬公博（二〇一一）「中小企業における後継者属性の歴史的変遷：高度成長期における親族比率の低さ」『武蔵大学論集』第五九巻、第一号、武蔵大学経済学会、一〇一―一二三。
(13)金融庁（二〇一四）「平成二六事務年度金融モニタリング基本方針（監督・検査基本方針）」九月。http://www.fsa.go.jp/news/26/20140911-1/01.pdf（2015/09/09）
(14)加護野忠男（二〇一四）『経営はだれのものか』日本経済新聞出版社。
(15)岩井克人（二〇〇三）『会社はこれからどうなるのか』平凡社。

(16) 藪下史郎（二〇〇二）『非対称情報の経済学：スティグリッツと新しい経済学』光文社。
(17) ロナルド・ドーア（二〇〇六）『誰のための会社にするか』岩波書店。

あとがき

事業承継は、今の日本で最も重要な企業経営の課題のひとつです。また、個人保証は、この制度の長い歴史の中でも、経営者に最も注目されるべき転換点を迎えています。この一見しただけでは馴染みにくい二つの要素を、敢えて強く結びつけて考えてみました。

事業承継と個人保証をくっつけようとしても、磁石の同極同士を近づけた時のように反発すると思われがちです。しかし、そうではなく、事業承継と個人保証をできるだけ寄り添った形で考えてほしいというのが、私の提案です。

そうすることで、今現在、個人保証している経営者の立場や気持ちが理解しやすくなります。また、これから企業を継いでいこうとする後継者にとっても、企業経営の本質に近づきやすくなります。つまり、後継者に、経営の現実をできるだけストレートに理解させるには、個人保証についての情報を提供し、自分なりに考えさせることが有効なのです。

ただし、そもそも事業承継ができる人材は不足しがちです。今後も、少子化だけにとどまらず、後継者の確保を難しくする要因が減ることはありません。加えて、個人保証に関する正しい理解が社会に浸透することにも、時間がかかりそうです。当事者が、自分の努力で理解を深めるしかないことだからです。

そこで、後継者育成について不断の努力が必要なのです。事業が順調になってからとか、年を取ってからとかと考えていても、後継者育成は間に合うものではありません。さらに私の体験からして、後継者が一人いるから事業承継ができると考えるのはどうかと思います。企業にも経営者の人生にも予期せぬことは多々起こります。もしものことが起こったら、せめて、次の一手がある状態にしておくのが望ましい経営でしょう。

本書は、すべての経営者に、ひと時も後継者育成を忘れてもらいたくないという願いを込めて書きました。私にとっては、会社を思うことが後継者を思うことと一体でした。後継者がきちんと育つこと以上に、会社の中で大事なことはないはずです。

今回、黒瀬直宏先生のご紹介で同友館の脇坂康弘社長に出版を引き受けていただきました。お二人に心から感謝申し上げます。

[著者略歴]

津島 晃一（つしま こういち）

1955年香川県生まれ。早稲田大学法学部卒業後、松下電工（現パナソニック）を経て、(株)光建設（現ヒカリ）取締役に。４代目社長を務め、社長職の引き受けと引き渡しを経験。神戸大学でMBA取得後、嘉悦大学大学院博士後期課程修了、博士（経営管理）。現在、事業承継研究所所長、(株)ヒカリ相談役。

論文：「Characteristics of Non-Family Succession in Japanese Small and Medium-Sized Enterprises」「中小企業の所有と支配の分離」など多数。著書に『中小企業の退出と存続』（共著・倫理研究所編）。

2017年12月10日　第1刷発行

お金をかけない事業承継

―かわいい後継者には“個人保証”を継がせろ―

©著　者　津　島　晃　一

発行者　脇　坂　康　弘

〒113-0033 東京都文京区本郷 3-38-1

発行所　株式会社　同友館

TEL.03(3813)3966

FAX.03(3818)2774

URL　http://www.doyukan.co.jp/

乱丁・落丁はお取り替え致します。　印刷／三美印刷　製本／東京美術紙工

ISBN 978-4-496-05325-2　Printed in Japan